벼랑 끝에서
피워낸 나눔꽃

# 벼랑 끝에서
# 피워낸 나눔꽃

지 은 이 | 이상춘
펴 낸 이 | 김원중

기      획 | 허석기
편      집 | 이은림
디 자 인 | 안은희
표지 일러스트 | 이영철
제      작 | 김영균
관      리 | 차정심
마 케 팅 | 박혜경

초판인쇄 | 2017년 09월 27일
초판발행 | 2017년 10월 10일

출판등록 | 제313-2007-000172(2007.08.29)

펴 낸 곳 | 도서출판 상상나무
            상상바이오(주)
주      소 | 경기도 고양시 덕양구 행주산성로 5-10
전      화 | (031) 973-5191
팩      스 | (031) 973-5020
홈페이지 | http://smbooks.com
E - m a i l | ssyc973@hanmail.net

ISBN 979-11-86172-45-2(03300)

값 15,000원

「이 도서의 국립중앙도서관 출판예정도서목록(CIP)은 서지정보유통지원시스템 홈페이지(http://seoji.nl.go.kr)
와 국가자료공동목록시스템(http://www.nl.go.kr/kolisnet)에서 이용하실 수 있습니다.
(CIP제어번호: CIP2017025220)」

# 벼랑 끝에서 피워낸 나눔꽃

이상춘 지음

저의 감사는
세상에 당연한 것은 없다는 마음에서 시작합니다.
공기도, 물도, 가족과 친구, 사업, 그 모든 것들에
감사하면 보답하게 되고 보답하면
더 큰 복과 물질로 돌아오는 것을 체험했기에
나눔은 제 삶의 활력소이자 기쁨의 원천입니다.

# 삶의 가치와 성공의 목적을 깨닫게 하는 책

하루에도 수없이 많은 책들이 세상으로 나와 잠깐 독자들을 만나고 사라지지만 이상춘 회장의 이야기를 가능하면 많은 이들에게 전하고 싶었던 사람으로서 부디 이 책이 오랫동안 사람들에게 읽혀져 감동이 전해지기를 바라는 마음입니다.

저는 숭실대 이사장으로서 우리 대학의 통일운동을 선도하는 '통일한국세움재단' 이사이며 '상록수장학재단' 이사장이신 이상춘 장로님에 대해 늘 사랑과 존경하는 마음을 갖고 있습니다.

학비가 없어 고등학교에 진학하지 못하고 공장에 취직하기 위해 눈물로 서울행 버스에 올라야 했던 한 소년이 에스씨엘을 창립해 올해 40주년을 맞이했습니다. 그의 이야기는 한 편의 드라마와 같았습니다. 그 어린 시절의 상처를 승화시켜 상록수장학재단을 만드는 대목에서는 저도 모르게 목이 메었습니다.

그의 고난과 아픔은 30억 원이 넘는 대외기부금을 통해 큰 사랑으로 승화되었습니다. 배움에 목말라 했던 경험으로 태국 난민촌에 학교를 세웠고, 고향의 발전에 앞장섰으며 '나눔2000운동'으로 많은 이들을 나눔의 길로 인도했습니다.

사랑의 실천과 나눔에 헌신하는 이상춘 장로님을 보면 기독실업인의 긍지를 느끼게 됩니다. 절체절명의 고비를 맞을 때마다 신앙인으로서 기도를 통해 하나님을 체험하고 위기를 넘긴 내용들은 특히 가슴을 뭉클하게 했습니다. 하나님께서 이 장로님의 삶을 통해 살아서 역사하고 계심을 선명하게 보면서 한편으로 신앙의 도전을 받게 됩니다.

'벼랑 끝에서 피워낸 나눔꽃'은 진정한 삶의 가치가 무엇인지, 진정한 성공이란 무엇인지에 대해 생각하게 합니다. 왜 우리가 신앙인으로서 하나님을 경외하고 하나님께 영광을 돌려야 하는지도 생생한 경험으로 보여줍니다.

이상춘 장로님의 나눔꽃은 이제 한창 꽃봉오리를 피우고 있는 중입니다. 이 꽃이 더욱 만개하여 우리 사회에 아름다운 향기를 전하고 삶의 진정한 보물을 찾는 이들에게 길잡이가 되어줄 것을 기대합니다.

2017년 9월
명성교회 **김삼환** 목사

# 관기리 개구쟁이, 희망과 나눔의 전령사 되다

'벼랑 끝에서 피워낸 나눔꽃' 발간을 진심으로 축하합니다.

이상춘 회장은 창업 1세대로서 대한민국의 경제발전과 함께 해 온 기업인입니다. (주)에스씨엘은 스프링 제작을 시작으로 현재 국내는 물론 해외로 뻗어나가는 글로벌 자동차부품 전문기업이 되었습니다.

(주)에스씨엘이 창립 40주년을 맞으며 지금과 같이 지속 가능한 기업으로 성장할 수 있었던 것은 이상춘 회장의 끊임없는 도전과 '신용이 자본'이라는 경영철학이 있었기 때문입니다.

기업과 사회의 상생이 더욱 중요해지는 요즘, 이상춘 회장은 공동의 목표를 실천하는 경영인의 모범 사례로 주목 받고 있습니다. 사재를 출연해 설립한 상록수장학재단을 통해 이상춘 회장은 저소득 학생들의 학비 지원뿐만 아니라 우리나라를 이끌어 갈 글로벌 인재 양성의 꿈을 키우고 있습니다.

그는 항상 "나눔 없는 성공은 성공이 아니다."라고 말합니다. 그는 2012년, 한국형 노블레스 오블리주의 상징인 '아너 소사이어티' 150호로 가입한 이래 '기부자 조언기금' 1호로 나눔 문화의 새로운 가능성을 제시하고 있습니다.

2013년에는 '제1회 패밀리 아너스 데이'를 통해 부부 동반으로 '아너 소사이어티'에 가입했으며 '나눔의 전령사'가 되어 진정한 성공은 나눔으로 완성된다는 것을 몸으로 보여주고 있습니다.

이 책에는 이상춘 회장의 나눔에 대한 경험과 철학이 모두 담겨 있습니다. 나눔은 행복의 시작입니다. 그가 보여 준 나눔의 정신이 사람들에게 큰 감동으로 전해지기를 바라며 많은 이들이 동참하여 함께 걸어갈 수 있기를 희망합니다.

2017년 9월
사회복지공동모금회 회장 **허동수**

| 차 례 |

제 4 장

# 사랑은
# 나눌수록 커진다

# 1장

## 고난을 딛고
## 승리하라

전력을 다하여 자신에게 충실하고 올바른 길로 나아가라.
참으로 내 생각을 채울 수 있는 것은 나 자신뿐이다.
나를 변화시킬 수 있는 건 오로지 나 자신뿐이다.
| 아우렐리우스 |

# 관기리 시골 소년

어린 시절의 행복한 기억은 무엇과도 바꿀 수 없는 삶의 원동력이 아닌가 싶다. 지금도 나는 가끔씩 눈을 감고 관기리의 들판을 떠올리곤 한다. 여름이면 훌렁훌렁 옷을 벗어던지고 개천에서 멱을 감던 기억, 겨울이면 꽁꽁 언 손으로 추운 줄도 모르고 썰매를 타던 일들이 눈에 선하다.

내가 태어난 경북 김천의 관기리는 화전천과 덕산천이 만나 평야를 이룬 지역으로 호사가들은 연화부수형 명당이라고 칭하기도 한다. 실제로 그런지는 모르겠으나 가난한 농가에서 넉넉하지 못하게 자랐음에도 늘 자연과 벗하고 지내서인지 무탈하고 편안했던 기억이다. 건강한 흙에 뿌리 박은 나무처럼, 어쩌면 지금의 나를 있게 한 긍정적이고 낙천적인 성격 또한 고향이 준 선물이 아니었을까.

대덕면 관기리 467번지가 처음 태어나 살았던 곳인데 김천 시내에서 남서쪽으로 32Km 정도 떨어진 곳에 있다. 그야말로 시골 중의 시골이다. 나지막한 뒷산을 끼고 벌판이 시원스레 펼쳐진 우리 마을은 50여 호가 한 가족처럼 옹기종기 어울려 살았다.

| 부모님과 함께

1956년, 한국전쟁 이후 베이비붐 세대로 태어난 나에게는 동네 동갑 친구 열세 명이 있었다. 작은 시골 마을인데도 한 해에 그렇게 많은 아이들이 태어났던 것이다. 당시 우리 집은 벼농사와 담배 농사를 지었고, 누에도 쳤다. 그러나 소득이 얼마 되지 않아 살림은 찢어지게 가난했다. 나는 한 번도 새 교과서로 공부해 본 적이 없었다. 다 찢어진 동네 형들의 책을 물려받아 공부하는 게 일상이었다. 아예 교과서 없이 공부해야 하는 과목도 있었다.

이렇게 교과서를 물려받으며 공부했던 것은 새 책을 살 돈이 없었기 때문이다. 도화지와 크레용을 사달라고 어머니를 무척이나 괴롭혔던 기억도 난다. 등교 시간에 학교에 가지 않고 마당에 서서 돈 달라고 보채기도 했다. 속상한 마음에 화가 난 어머니가 달려오면 냅다 도망을 쳤다가 어머니가 사립문 안으로 들어가면 또 얼쩡거리며 속을 썩이기도 했다. 이러니 학교에 도시락을 못 싸가는 것도 다반사였다. 학교에서는 점심시간에 도시락을 싸오지 못하는 가난한 아이들에게 강냉이죽을 나눠주었는데 지금도 그 맛을 잊을 수 없다.

그 시절 나는 동네 골목대장이었다. 날마다 친구들을 모아서 신나게 뛰어놀던 기억이 지금도 생생하다. 근처 냇가에서 고기도 잡고 참외서리로 허기진 배를 채우기도 했다. 자치기, 숨바꼭질하며 노는 와중에도 학교에서 돌아와 소 먹일 풀을 베고 나무를 한 짐씩 해오는 것도 우리들의 몫이었다.

초등학교 4학년 무렵의 일이다. 당시 김천에서는 5일마다 장이 섰다. 각종 농산물과 공산품이 장에서 판매되고 물물교환도 이루어졌다. 여름이 되면 장터에서 장사하는 분들은 뙤약볕에서 일하느라 땀을 많이 흘렸다. 손님들도 더위에 목이 말라 냉차나 아이스케이크를 하나씩 사 먹곤 했다.

여름방학이라 시간이 많았던 나는 친구들과 함께 장날 아르바이트를 해보기로 했다. 사람이 많이 모이는 곳에 가서 아이스케이크를 팔기로 한 것이다. 먼저 공장에 가서 아이스케이크가 담긴 통을 하나씩 받았다. 다 팔고 나서 공장에 주어야 할 원가를 제하고 나면 남는 돈이 우리의 수익이었다.

친구들과 나는 장날 통을 메고 다니며 "시원한 아이스케이키~"하

| 20대 후반, 아버지와 함께 김천 관기리 고향집에서

고 길게 외치며 호객을 했다. 그러다 보면 누가 먼저 다 파는지 자연히 경쟁 아닌 경쟁을 하게 되었다. 친구들은 대개 사람이 많이 다니는 길목에 자리를 잡고 "아이스케이키~"를 외치며 손님을 끌었다. 돌아다니면 귀찮기도 하거니와 통의 무게도 만만치 않아 힘들었기 때문이다.

나는 가만히 앉아서 손님을 기다리는 것보다 좀 더 적극적으로 판매할 수 있는 방법이 없을지 생각했다. 그래서 곰곰이 생각하다가 사람들의 인상착의를 관찰하기 시작했다. 사 먹을 만한 사람에게 접근하는 것이 효과적이라는 생각이 들었기 때문이다.

그런 사람을 만나면 가까이 다가가 최대한 친절하게 "아저씨, 시원한 아이스케이크 하나 사세요."하고 말했다. 그러면 대부분의 어른들은 나를 아래위로 한번 살펴보고는 군말 없이 사주었다. '어린아이가 고생하는구나.' 하는 표정도 읽을 수 있었다. 특히 대여섯 살 되는 어린아이를 데리고 있는 어른들에게 다가가면 아이들의 성화에 못 이겨 하나 사주지 않을 수 없었다.

아이스케이크를 하나 팔 때도 사줄 만한 대상을 연구한 것이다. 요즘으로 말하면 선택과 집중을 했다고 볼 수 있다. 이렇게 하다 보니 친구들이 반밖에 못 팔고 있을 때 나는 이미 내 몫의 물량을 다 팔아치우고 휘파람을 불며 집으로 돌아갈 수 있었다. 지금 생각하면 그때부터 이미 사업이나 마케팅의 재능이 숨어 있었던 게 아닐까 싶다.

# 가난하지만
# 행복했던 어린 시절

　　우리 집 바로 뒤에 작은 교회가 있었다. '관기교회'라는 현판이 걸려 있던 이 교회는 당시 아이들에게 호기심의 대상이었다. 교회 앞을 지나다 보면 오르간 소리에 맞춰 합창 소리가 들려왔고 주일이면 단정하게 옷을 차려입은 사람들이 공손하게 인사하면서 들락거리는 모습을 볼 수 있었다. 한 동네에 있었지만 왠지 우리가 사는 세상과 다른 곳인 것 같았다.

　　그런 어느 날, 친구들과 함께 교회 앞마당에서 놀고 있는데 인자하게 생긴 분이 다가왔다. 혹시 교회 앞에서 논다고 혼나는 것이나 아닌지 주눅들어 있는 우리에게 장로님은 다정한 목소리로 교회에 들어오라고 하셨다. 불시에 초청을 받은 우리는 장로님이 들려주는 성경 속 인물 이야기에 빠져들었다. 산과 들에서 뛰어놀 줄만 알던 시골 아이들이 교회를 통해 전혀 다른 문화를 체험하게 된 것이었다.

그때는 신앙이라는 개념조차 없이 그저 재미가 대부분이었겠지만 어찌어찌 교회에 다니게 된 우리는 어느새 크리스마스와 부활절에 맞춰 준비하는 성극과 합창단의 일원이 되어 있었다. 마치 교회의 주인이라도 된 것 같아서 너무나 자랑스러웠던 기억이 난다.

크리스마스 이브에 새벽송을 부르며 동네를 돌았던 일은 지금도 참으로 아름다운 기억으로 남아 있다. 교회에서 학용품과 간식을 받는 재미도 쏠쏠했다. 고백하건대 어쩌면 그 간식이, 가난한 농가의 아들을 신앙의 길로 이끈 가장 큰 은혜였는지도 모를 일이다. 그렇게 신앙은 달콤하고 맛있게 조금씩 내 가슴에 스며들고 있었다.

초등학교를 마친 나는 관기리에서 80리 떨어져 있는 김천 시내의 시온중학교에 입학했다. 당시 동네 동급생 열세 명 중에서 불과 다섯 명만 중학교에 입학할 수 있었으니 우리 동네가 얼마나 가난했는지 알 수 있다.

요즘은 중학교가 의무교육이어서 학비가 무료지만 1960년대에는 중학교 학비가 만만치 않게 들었다. 게다가 김천까지는 버스로 1시간 30분 정도 걸렸는데 그 버스마저도 자주 오는 것이 아니어서 통학은 거의 불가능했다. 진학을 하면 학교 근처에서 하숙을 해야 했기에 나 또한 중학교 진학을 꿈꾸기 어려운 형편이었다.

학비 내기도 빠듯한데 하숙비까지 감당해야 하는 아버지의 고민은 깊어만 갔다. 긴 생각 끝에 아버지는 그래도 집안의 장남인데 최소한

중학교는 보내야 하지 않느냐는 마음으로 결단을 내리셨다. 어려움을 무릅쓰고 나를 중학교에 보내기로 한 것이다.

그처럼 입고 싶던 까만색 교복에 모자를 쓰고 중학교에 입학하던 날, 열두 살 소년에게 집안 형편같은 것은 중요하지 않았다. 그때 얼마나 기뻤었는지, 다시 생각해 봐도 표현할 말이 생

| 시온중학교 시절

각나지 않는다. 새로운 도시에서의 새로운 날들이 시작되고 있었다.

내가 입학한 시온중학교는 백낙기 목사님이 교목(校牧)으로 계시는 미션스쿨이었다. 일주일에 한 시간씩 성경 과목도 있어서 백 목사님이 들어와 우리를 가르쳤다. 초등학교 시절에 교회를 다녔던 나는 학교에서 덜컥 종교부장을 맡았다. 교목을 도와 학생들이 신앙생활을 잘하도록 돕고, 행사 때 대표기도를 하는 등 꽤 중요한 역할을 해야 하는 직책이었다. 성경 공부를 해서 시험도 치러야 했는데 평소 성적은 중상위권이었지만 성경 성적은 항상 90점 이상을 받았다. 아마 종교부장이라는 책임감 때문이었을 것이다.

개구쟁이였던 초등학교 시절와 달리 중학생이 되자 공부는 물론 모든 면에서 성실하게 생활하려고 노력했다. 고생해서 학교에 보내주시는 부모님을 생각하면 그러지 않을 수가 없었다. 성적도 63명 가운데 10등을 해서 모범학생으로 인정 받았고 주일이면 시온중학교 근처 언덕 위의 교회를 찾아 예배를 드리며 교회생활도 열심히 했다.

그렇게도 원하던 중학생이 되었고 신앙생활을 통해 마음이 풍요로웠지만 그럼에도 그 시절은 대부분 배고픔으로 기억된다. 삼시 세끼를 잘 챙겨 먹어도 돌아서면 배고플 나이였지만 그 끼니마저도 충분하지 못했으니, 하물며 간식은 생각할 수도 없었다. 넉넉하지 못한 형편이라 더욱 그랬을 것이다. 늘 배가 고팠고 엄마가 해주시던 고향집 밥이 생각났다.

학교 앞에는 대부분 빵집들이 있는데 내가 다니던 시온중학교 앞에도 찐빵집이 있었다. 거기서 팔던 3원짜리 찐빵이 얼마나 맛있었는지, 지금도 생생하게 기억난다. 김이 모락모락 나며 구수한 냄새를 풍기던 그 찐빵은 배고픈 소년에게는 너무나도 큰 유혹이었다. 나는 그 찐빵을 한 솥 다 먹으라면 그럴 수도 있을 것 같았다.

늘 허기져 있었지만 학교에 다니고 있다는 것만으로도 너무나 감사했고 학교와 교회에서 만난 좋은 친구들이 있어 정겨운 추억을 쌓을 수 있는 시간이었다. 가난했지만 정말 행복한 시절이었다.

# 울면서 서울행
# 고속버스에 오르다

중학교 3학년이 되어 성의고등학교에 원서를 내놓고 입학시험을 일주일 정도 앞둔 때였다. 아버지께서 나를 부르셨다.

"상춘아, 이리 와서 앉아봐라."

"예."

대답을 하고 아버지가 앉아 계시던 툇마루 앞에 앉았다. 그런데 나를 불러놓고는 아무 말씀 없이 담배만 계속 피우시는 게 아닌가. 예감이 좋지 않아 무슨 일인지 여쭈었다.

"아버지, 왜 그러세요. 무슨 일이 있으세요?"

아버지는 내 질문에도 한참을 그냥 계셨다. 그리곤 어렵게 말문을 열었다.

"상춘아, 너에겐 정말 미안하다. 이번에 고등학교 입학원서를 냈지만 없었던 일로 하자."

침묵이 흘렀다. 한참 말이 없던 아버지가 다시 입을 열었다.

"이번 고등학교 입학시험 말이다. 응시하지 말아라. 그리고 서울 친척 할아버지 공장에 가서 기술을 배우면 좋겠다."

상상도 못하던 아버지의 말씀에 나는 너무나 놀랐다.

"아니, 갑자기 무슨 말씀이세요?"

"상춘아, 네가 고등학교에 가게 되면 네 동생 네 명은 형편상 중학교도 보낼 수가 없단다. 맏이인 네가 양보하고 서울로 가서 기술을 배우도록 해라."

"아버지, 아무리 그래도 그렇지요. 이제 시험 일주일밖에 남지 않았는데 시험이라도 쳐보고 가든 안 가든 하겠습니다."

그러나 아버지는 비감한 표정으로 고개를 흔들었다.

"아니다. 만약 시험을 쳐서 합격이 되었는데도 너를 서울로 보내게 되면 이 아비의 마음이 얼마나 더 아프겠니. 그러니 어차피 가야 할 것 같으면 시험 보지 말고 그냥 가는 것이 좋겠다."

나는 생각할 시간을 좀 달라고 말씀드리고 그 자리에서 벌떡 일어났다. 그리고 몇 날 며칠을 생각해 보았지만 결론은 이미 나 있었다. 아버지의 말씀을 거역할 수가 없었다. 내가 고등학교에 가지 않으면 동생들이 그나마 중학교라도 갈 수 있는데, 나 때문에 동생들 모두에게 희생을 요구하는 것은 욕심이라는 생각이 들었던 것이다.

당시 우리 집은 몇 마지기의 농사도 짓고 뽕나무를 키우며 누에도 먹였지만, 우리 땅이 아닌 소작농이어서 수확의 반을 내주어야 했다. 그러다 보니 아무리 열심히 일해도 많은 식구가 간신히 밥을 먹고 살 수 있는 정도였다. 나를 고등학교에 보내서 계속 공부시킬 수 있는 형편이 되지 못했던 것이다.

시험도 못 치르는 것에 대한 안타까움이 계속 나를 괴롭혔다. 마음이 찢어지는 것처럼 아팠다. 그러나 공부하고 싶다고 해서 혼자만 욕심을 낼 수는 없는 일이었다. 지금까지 살아오신 아버지의 고된 삶을 바로 옆에서 지켜본 내가 누구보다도 잘 알고 있었기 때문이다.

아버지는 항상 소처럼 일만 하셨다. 산을 두 개나 개간해 밭을 만든 아버지의 부지런함을 보고 지란 나였다. 배가 고파도 막걸리 한 잔으로 달래고 또 밭으로 나가시던 분이었다. 그런 아버지가 어떤 마음으로 나에게 서울행을 권했을지 알기에 용단을 내리기로 했다.

"네, 아버지 말씀대로 서울로 올라가겠습니다."

서울로 떠나기 전날, 우리 집은 마치 초상집 같은 분위기였다. 어머니는 온종일 울었고 아버지도 내내 침울하셨다. 더 공부하고 싶어하는 장남을 공부시키지 못하고 서울로 떠나보내야 하는 부모님의 마음이 어땠을까? 지금도 그때를 생각하면 마음이 아려온다.

1971년 3월 1일, 아버지가 마련해 주신 500원을 가지고 서울행 버스를 타기 위해 김천 고속버스터미널로 갔다. 난생 처음 가보는 길이었지만 다행히도 우리 지역 우체국장과 동행하기로 되어 있었다. 마침 우체

국장이 아들을 보러 상경한다는 소식을 들은 부모님이 서울 가는 편에 나를 좀 데리고 가면 좋겠다고 부탁했던 것이다.

간단한 옷 보따리를 들고 서울행 버스에 오르는 내 뒤로 어머니의 통곡 소리가 들렸다. 나도 그동안 참았던 눈물이 왈칵 쏟아져 엉엉 울고 말았다. 달리는 버스 속에서 몇 번이나 손으로 눈물을 훔치며 마음으로 다짐하는 기도를 드리고 또 드렸다.

"하나님, 저는 서울에 가서 꼭 사업가가 되어 성공하고 싶습니다. 반드시 돈을 많이 벌어 슬피 우신 어머니의 한을 풀어드리고 싶습니다. 제가 공부를 포기하고 돈을 벌러 가는 만큼 반드시 성공할 수 있도록 도와주세요."

열다섯 살 소년의 기도는 차라리 절규에 가까웠다. 그렇게 침울한 마음으로 고향을 떠났지만, 막상 버스가 서울에 도착하자 내 눈앞에 신세계가 펼쳐지고 있었다. 당시 버스터미널은 지금처럼 강남이 아니라 동대문에 있었다. 1970년에 경부고속도로가 개통되면서 고속버스가 막 운행을 시작했을 때였다.

시골에서 한번도 보지 못했던 높은 빌딩이며 거리를 오가는 수많은 사람들 모두 나를 놀라게 하기에 충분했다. 터미널에는 도착 시간을 미리 연락 받은 할아버지 공장의 직원이 마중나와 있었다.

드디어 '지나가는 사람 코도 베어간다'는 서울에 첫발을 내디딘 것이었다. 내 주머니에는 아버지가 주신 500원짜리 꼬깃꼬깃한 지폐가 들어 있었다.

# 기름 범벅의
# 공장 견습공

　　기술을 배우게 된 용산구 원효로의
스프링 공장은 아버지의 5촌 당숙 할아버지가 운영하는 곳이었다. 터
미널에서 공장까지 가는 동안 나는 마음속으로 작은 기대를 품었다.
부탁만으로 취직시켜 줄 정도라면 공장 규모도 제법 될 것으로 생각
했고 친척이니 대우도 좋을 거라 기대했다.

　시골에서 자라 후덕한 시골 인심만 생각했던 것이 착오였을까? 마
중 나온 직원을 따라 공장에 들어서는 순간 내 기대는 산산조각이 나
고 말았다. 생각했던 것들과 너무 다른 분위기에 오히려 걱정이 앞설
정도였다.

　어두컴컴한 공장 문을 여는 순간 기계에서 나오는 특유의 기름 냄새
가 훅하고 강하게 풍기며 나를 반겼다. 바닥도 기름 범벅이었고 그 속

에서 시커먼 기름때가 묻은 작업복 차림의 공원들이 어떤 새내기가 오나 흘끔거리며 쳐다보고 있었다.

그들의 얼굴에도 온통 시커먼 기름이 묻어 말할 때 치아만 하얗게 보였다. 농촌의 아름다운 자연만 보아왔던 나에게는 정말 낯설고 적응되지 않는 모습이었다. 뒤이어 안내된 숙소의 모습은 더 충격적이었다. 시멘트 벽돌로 대충 막아놓은 공간에 때에 절어 남루해진 이불이 깔려 있고, 옷가지와 생필품들은 잔뜩 어질러져 있었다. 폐유로 난방을 한 탓인지 곳곳이 그을음 투성이였다. 이곳이 내가 있어야 하는 공동숙소라니, 믿을 수가 없었다. 그저 울고 싶을 따름이었다.

내가 일하게 된 '용산스프링' 공장은 요즘으로 치면 일종의 주물공장과 비슷한 곳이었다. 나이도 어린데다 잔뜩 주눅까지 든 나는 공장과 숙소가 어떻다는 식의 느낌을 밖으로 꺼내서 말할 수 있는 형편이 아니었다. 낯설고 삭막한 환경으로부터 오는 충격을 고스란히 흡수할 수밖에 없었다.

시골에서 부모님의 보살핌 가운데 지내다가 낯선 사람들과 공동생활을 하는 것만도 너무나 부담스러운데 그런 열악한 상황을 접하자 눈앞이 막막했다. 첫날이라 특별한 일 없이 소개만 받고 방의 한쪽 구석에 자리를 펴고 눕는데 울컥 눈물이 났다. 무엇보다 지난밤에 한없이 우시던 어머니의 모습이 떠올랐다.

다음날 새벽부터 고된 일과가 시작되었다. 이곳 스프링 공장의 선후배 간 위계질서는 군대보다 더 혹독했다. 신참인 나에게 주어진 일은 공장 청소와 공구 정리였고 식사 당번을 도맡아서 해야 했다. 시키는 일 이외에 기계를 작동하거나 허락되지 않은 공구를 만지면 그 자리에서 따귀를 맞거나 무거운 공구가 날아왔다. 세끼 밥하는 일도 보통이 아니었지만 깜빡 졸다 밥이라도 태우면 난리가 났다.

가장 심하게 군기를 잡았던 직속 선배는 고작 한두 달 먼저 들어온 사람이었다. 막내로서 호된 취급을 당하던 중에 후임이 들어오니 받았던 대로 분풀이를 하는 게 아닌가 싶었다. 해도 해도 너무한다 싶을 때가 많아서 한번은 참다못해 그대로 달려들어 두들겨 패주었다. 싸움이라면 나도 지지 않는다는 자신감이 있어서였다. 재미있는 것은 이렇게 싸우고 나니 확실히 전처럼 함부로 대하지는 않더라는 것이다. 이 일로 야단은 맞았지만 내 속은 후련해졌다.

식사 당번은 제일 늦게 입사한 사람이 후임자 들어올 때까지 감당해야 한다는 것이 불문율이었다. 따로 주방이 있는 것도 아니고 그냥 연탄난로 위에서 밥이며 찌개를 조리해야 했지만 자취 경험이 있는 나는 선배들로부터 요리 솜씨를 인정 받았다.

즉석에서 김치를 쓱쓱 썰어 끓인 찌개와 금방 솥에서 지은 밥에 마가린을 비벼 먹는 맛은 지금도 군침이 돌 만큼 맛있었던 기억으로 남아 있다. 밥그릇도 제대로 없어서 대충 냄비 뚜껑에 밥을 덜어 먹었고 식사 후 설거지 또한 당연히 내 몫이었다. 밥의 양을 잘못 잡아서 모자라는 날은 막내인 내가 쫄쫄 굶어야 했고 밥을 하다 태운 날도 많았다.

장갑을 끼고 작업해도 종일 기계를 만지다 보면 손에 묻은 기름때가 잘 지워지지 않았다. 우리는 일명 도라무통(드럼통)에 물을 끓여 양잿물로 만든 비누로 손을 씻고, 솔로 박박 문지르면서 기름때를 벗겨내곤 했다.

'용산스프링'은 각종 기계에 들어가는 크고 작은 스프링을 만드는 회사로 당시 총 열다섯 명의 직원이 있었다. 간이 수공업 형태의 공장이라 보호장비도 갖추지 않고 작업하는 일이 다반사였다.

나는 하루빨리 기술을 배우고 싶었다. 그러나 시간이 꽤 지나도 견습생인 나에게 기술을 배울 수 있는 기회는 좀처럼 오지 않았다. 기술은커녕 밥하고 청소하는 단순노동만 계속되었다. 은근히 불만이 쌓이기 시작했다.

집안의 할아버지뻘 되는 분이 사장이었지만 친척이라고 해서 특별히 봐주는 것도 없었다. 그동안 여러 친척들이 이 공장에 와서 일하다가 봉급도 적고 힘들어 모두 다른 곳으로 갔다는 이야기도 심심치 않게 들려왔다.

그렇지만 아무 것도 모르는 시골 소년을 견습생으로 취직시켜 준 것만도 감사해야 할 일이었다. 가끔씩 얼굴을 뵙게 되는 날이면 할아버지는 무조건 "열심히 하라"고 격려해 주셨다. 가끔 집으로 데려가 고깃국을 내주시기도 했는데, 할아버지는 내게 어렵기도 했지만 자상한 분이셨다.

첫 달이 지나 드디어 월급봉투를 받았다. 내 이름이 적힌 노란 봉투에 든 액수는 300원이었다. 이 월급을 한 달에 두 번 쉬는 휴일 그러니까 첫째, 셋째 주일에 쓸 수 있었다. 작업복 한 벌 사고, 동시상영하는 싸구려 극장에 한 번 가고, 목욕과 이발을 한 다음 30원짜리 자장면을 사 먹으면 딱 맞는 금액이었다.

한 달 월급이 자장면 열 그릇 값이라고 하면 요즘 사람들은 절대로 이해하지 못할 것이다. 그러나 당시 기술을 잘 가르쳐주지도 않고 막일만 시키면서 봉급은 쥐꼬리만큼 주는 것이 일명 '시다'가 받는 설움이었다. '견습생'이라는 뜻으로 당시 공장에서는 이런 식의 일본말이 많이 사용되었다. 작업복도 내 돈으로 사야 했으니 공장의 열악한 복지 상태는 더 말할 필요도 없었다. 스프링 연마를 그라인더로 하는데 안전망도 없었고 숙소의 위생 상태도 불결해 이불과 옷마다 이가 득실거렸다.

몇 개월 동안 견습생 노릇을 하면서 이곳에서 기술자가 되는 것은 매우 어렵다는 사실을 깨닫게 되었다. 이런 분야에서 대접을 받으려면 회사가 인정해주는 기술자가 되어야 한다. 공장에서는 숙련공이 되어야 월급도 많이 받고 대우도 잘 받을 수 있었다. 그러나 이 곳 선배들은 기술을 알려줄 생각은 전혀 없어 보였고 계속해서 심부름과 식사 당번만 떠맡겼다.

기술을 배워야 앞으로 공장을 차릴 수 있고 돈도 벌 수 있다는 것을 알았지만 현실은 내 밑으로 막내가 들어오지 않는 이상 달라질 게 없었다. 결국 기술을 빨리 배우기 위해서는 내가 적극적으로 나설 필요가 있었다.

그때부터 몸을 아끼지 않고 더욱 열심히 일하기 시작했다. 남보다 먼저 일어나 공장 내부를 청소하고, 시키지도 않은 선배들의 작업복과 장갑을 깨끗이 빨았다. 내가 할 수 있는 최선의 노력을 했다. 이렇게 선배들에게 잘 보이면서부터 아주 기초적인 일들을 하나 둘씩 배울 수 있었다.

나의 첫 목표는 선배들이 척척 하는 일제 스프링자동기계 셋팅 기술을 익히는 것이었다. 틈날 때마다 어깨 너머로 구경하면서 조금씩 눈으로 배웠다. 그런 어느 날, 이제 나도 충분히 할 수 있을 것 같다는 생각이 들었다. 그래서 동료들이 다 퇴근한 뒤에 혼자 남아 기계를 분해하기 시작했다. 그런데 막상 분해를 다 하고나서 다시 조립하려니 쉽지 않다. 결국 선배들이 출근할 때까지 깔끔하게 조립해 놓지 못하는 바람에 크게 야단맞았다.

그래도 포기할 수는 없다. 반드시 혼자 힘으로 성공해 보겠다는 고집으로 다시 도전했다. 식사도 거르고 기계와 씨름하면서 이 방법 저 방법을 다 쓴 결과, 무려 26시간 만에 성공할 수 있었다. 온몸이 땀과 기름으로 범벅이었지만 '성공했다'는 희열이 모든 고통을 한 방에 날려보냈다. 끈기의 승리라고나 할까?

얼마 후, 똑같은 기계의 해체와 조립에 다시 도전했다. 이번에는 5시간 만에 성공할 수 있었다. 이렇게 배우고 익히는 과정을 거치면서 어느샌가 나는 기술공으로 조금씩 자리를 잡아가고 있었다.

# 초고속으로
# 공장장이 되다

쇠를 다루는 일은 매우 위험하고
힘들다. 무게도 많이 나가지만, 스프링을 휘어감기 위해서는 불에 달
구어야 하는데 그 과정에서 항상 화상의 위험이 있다. 조금만 방심하
면 큰 부상으로 이어지는 사고가 종종 발생하는 것이다.

이 무렵 내가 얼마나 일에 몰두해 있었는지를 보여주는 에피소드가
있다. 연탄으로 기숙사 난방을 하던 시절의 이야기다. 어느 날 아침,
자리에서 일어나는데 머리가 아프고 어질어질하면서 이상하게 몸이 말
을 듣지 않았다.

'왜 이러지? 빨리 일어나서 청소해 놓아야 하는데...'

마음은 급했지만 몸이 천근만근이었다. 간신히 몸을 일으켜 한 시
간 정도 앉아 찬 공기를 마신 뒤, 잘 움직여지지 않는 몸을 이끌고 청

소를 시작했다. 비틀거리면서 청소를 하는데 꽤 시간이 흘러도 다른 직원들이 모두 죽은 듯이 누워 있는 게 아닌가?

그제서야 나는 사태가 심상치 않다는 것을 깨닫고 급히 119에 연락을 취했다. 그 방에서 잤던 사람들 모두 연탄가스에 중독돼 정신을 잃고 있었던 것이다. 급하게 달려온 구급요원들에 의해 모두 병원으로 실려가는 사태가 벌어졌다. 나도 무슨 힘으로 그렇게 했는지 도무지 정신을 차릴 수가 없었다. 아마 그 구급요원들이 내가 연탄가스를 마신 채 비틀거리면서 청소를 했다는 사실을 알았다면 깜짝 놀랐을 것이다.

공장에서 일한지 1년쯤 지났을 때 드디어 내 밑으로 견습생 한 명이 들어왔다. 나이는 나보다 위였지만 어쨌든 그는 나의 후임이었다. 이곳은 나이가 아닌 기름 짬밥 순서로 서열을 매기기 때문이다. 비로소 식사 당번에서 해방될 수 있었다.

그때부터 쉬는 주일이 되면 가끔씩 공장 근처의 교회를 찾았다. 예배당에 앉으면 마음이 편안해졌고 고향의 부모님과 동생들, 친구들이 생각났다. 교회에서 기도할 때마다 남모르게 울음을 삼키며 다시 한번 간절하게 다짐했다.

"하나님, 반드시 성공해서 김천으로 내려가게 해주세요. 부모님 한을 풀어드리고 동생들도 잘 챙겨서 장남 역할 제대로 할 수 있도록 도와주세요."

고향을 생각하면 울음을 삼키며 나를 애처롭게 바라보던 어머니의 눈빛이 떠올랐다. 나는 어떤 힘든 일도 다 이겨내리라 다짐하며 다시 한번 주먹을 불끈 쥐었다.

열심히 기술을 익혀가는 사이 어느새 내 밑으로 하나 둘씩 후배가 더 들어왔다. 그동안 기술자 대우를 받게 되면서 월급도 2,500원 정도로 올라 있었다. 처음 월급이 300원이었으니 엄청난 차이였다. 다소나마 여유로운 생활을 할 수 있었지만 500원만 쓰고 나머지는 모두 저축했다. 돈을 벌러 서울에 왔으니 어쨌든 돈을 모아야 한다는 생각이 내 마음을 온전히 지배하고 있었다.

그 무렵 을지로의 '대한스프링'에서 일하는 사촌 형에게서 연락이 왔다. 그쪽 회사로 옮기라는 것이었다. 나보다 앞서 '용산스프링'에서 일하다가 이직한 형은 더 이상 이 곳에서 기술을 배우기 어려울 거라면서 자기가 있는 공장으로 와서 기술을 배우라고 했다. 게다가 기술자 대우와 함께 월급도 지금의 네 배인 1만 원을 주겠다는 것이었다. 귀가 솔깃해지는 제안이 아닐 수 없었다.

요즘 말로 특별 스카우트인 셈이었으니 볼 것도 없이 당장 옮겨야 할 만큼 좋은 기회였다. 그러나 당시 나는 입사해서 성실히 일 잘한다고 사장인 할아버지께 많이 인정받고 있을 때였다. 선뜻 결단을 내릴 수가 없었다. 월급도 몇 배로 많고 기술도 더 가르쳐 준다는 유리한 조건이었지만 왠지 지금의 나를 있게 한 할아버지를 떠난다는 것은 일종의 배신이라는 생각이 들었기 때문이었다.

망설임이 계속되었다. 사촌 형님은 매일 전화를 했다. 그러다 마침내 빨리 선택하지 않으면 마냥 기다릴 수 없다는 통첩을 해 왔다. 갈등하던 나는 결국 형님의 뜻에 따르기로 하고 할아버지께 죄송한 마음을 담아 장문의 편지를 썼다. 3년 뒤에 반드시 기술자가 되어 다시 돌아오겠다는 내용이었다.

을지로 공장에서는 기술자 대우와 함께 곧바로 월급 1만 원을 주었다. 당시 내 나이 사람들이 받는 월급으로는 꽤 큰돈이어서 서울에 올라온 이후 처음으로 어깨가 으쓱 올라가는 기분이었다. 아마 원효로 공장에서 기본 훈련을 잘 받으며 성실하게 일했던 것이 이 회사에서도 자연스럽게 드러나면서 인정을 받게 된 것 같았다. 무엇보다 나에 대해 사장님께 잘 이야기해 준 사촌형 덕분에 가능한 일이었다.

기술자로 제법 많은 봉급을 받게 된 나는 기본적인 생활비만 남기고 모두 시골 부모님께 보냈다. 부모님은 이 돈을 한 푼도 쓰지 않고 모아서 조금씩 땅을 장만하셨다.

자리를 옮긴 지 3년여 지났을 무렵, 용산 공장의 할아버지에게서 좀 만나자고 연락이 왔다. 성격이 깔끔하고 멋쟁이였던 할아버지는 내가 그 공장에서 일할 때 항상 일찍 나와 청소를 해놓고 물까지 뿌려놓는 것을 매우 좋아하셨었다. 친척이라고 가끔 데리고 나가 고기도 사주시고 쉬는 날엔 낚시에도 데려가는 등 사랑을 많이 받아 나 또한 늘 감사한 마음을 품고 있었다.

오랜만에 뵌 할아버지는 그 사이 많이 늙어 보였다.

"그래, 거기서 일 잘하고 있다는 이야기 들었다. 이제 나도 나이가 많아 공장을 책임지고 맡아줄 사람이 필요해. 지금 당장은 아니지만 그래도 손자인 네가 날 도와주는 것이 좋을 것 같구나. 봉급은 거기서 받는대로 줄 터이니 다시 돌아와 일하는 것이 어떻겠니?"

할아버지는 인척인 내가 가장 믿을 만하다고 판단하신 것 같았다. 공장에 있을 때 성실하게 일했던 것을 인정받는 것 같아서 나도 감사한 생각이 들었다. 할아버지는 을지로 공장에서 월급은 얼마나 받는지 등 처우에 대해 물으면서 앞으로 공장장도 맡게 될 것이라고 넌지시 암시하셨다. 당시 할아버지는 나에게 산처럼 크게 보였던 분이었다. 할아버지의 말씀을 거역하는 것은 도리가 아니라는 생각이 들었다.

다시 원효로 공장으로 돌아왔다. 이때는 나도 기술이 꽤 늘었던 터라 복귀 후 바로 선임 대우를 받으며 일했다. 나이는 어렸지만 한번 다른 공장에 가서 경험을 쌓았던 것이 도움이 되었는지 빠른 속도로 승진하게 된 것이었다.

3년 만에 복귀한 나는 기술과 성실성을 바탕으로 최고 기술자로 인정받았고 몇 년 후에 공장장이 되었다. 월급도 6만5천 원을 받게 되었다. 1976년 무렵이었다. 당시로선 아주 큰 액수였지만 여전히 나는 생활비만 남기고 부모님께 모두 보내드렸다.

인생은 항상 원하는 대로만 흘러가는 것은 아니다. 어린 나이에 공장장으로서 좋은 대우를 받으며 열심히 일하던 내게 전혀 예상치 못했던 일이 일어났다. 그러나 역설적으로 이 일은 내게 변화를 몰고 왔고 변화에 대한 도전은 새로운 기회를 만들어내는 계기가 되었다.

# 용기 하나로
# 21세 청년 사장이 되어

　　　　　　　　나를 믿고 공장을 맡겨 주신 할아버지가 후두암 판정을 받아 살 날이 얼마 남지 않았다는 청천벽력 같은 소식이 들려왔다. 나를 무척 아끼고 사랑해 주셨던 할아버지의 암 판정은 너무나 충격적인 일이었다.

　공장 내부의 일은 모두 나에게 맡기고 있었지만, 영업이나 외주 등 사업적인 부분은 할아버지의 동서가 담당하고 있었다. 결국 할아버지가 돌아가신 뒤, 그 동서에게 공장의 모든 권한이 넘어가게 되었다.

　그렇게 되자 할아버지의 친인척들은 모두 그만두어야 하는 상황이 되었다. 이 작은 공장에서도 주인이 바뀌니 직원들의 물갈이가 시작된 것이었다.

　나 역시 언제 이곳을 떠나야 할지 심란한 마음으로 눈치를 보고 있던 어느 날이었다. 우리 공장과 거래하던 오 사장이 업무 차 공장을 방문했다. 회사 사정을 잘 알고 있던 그는 대뜸 내게 물었다.

"이 공장장, 이제 이 곳을 나가야 하는 모양이던데, 새 직장 구해 놓았어요?"

"그럴 경황도 없습니다. 좋은 곳 있으면 소개해 주세요."

당시 30대 중반이던 오 사장은 여행용 가방에 부착하는 자물쇠를 만들어 납품하고 있었다. 그는 평소에 우리 공장 물건에 만족했고, 그래서인지 나에 대해서도 좋게 보는 눈치였다.

"이 공장장, 이참에 직장 구할 것 없이 아예 공장을 차려보면 어때요? 자그마하게 시작해서 점점 키우면 되지. 한번 해봐요."

"제가 공장을 차리다니요."

나는 창업에 대해서는 한번도 생각해 본 적이 없었다. 그런데 오 사장은 내 기술이 좋아서 공장을 시작하면 잘할 것 같다며 적극적으로 권했다.

"오 사장님, 저는 나이도 어리고 고향이 김천이라 아는 사람도 없습니다. 그리고 공장을 차릴 만한 능력도 안 됩니다. 돈이 없어 창업자금을 마련할 수도 없어요."

"처음부터 제 돈 가지고 창업하는 사람이 얼마나 되나요? 다들 힘들게 첫걸음을 떼고 열심히 일해서 키워가는 거지요. 내가 옆에서 힘껏 도와줄 테니 한번 해봐요."

처음엔 손사래를 쳤지만 자꾸 권유를 받다보니 조금씩 마음이 움직이기 시작했다. 새로운 직장을 찾아 나서기보다 창업을 하면 더 나을 것 같기도 했다.

결국 창업할 수 있도록 이끌고 용기를 주신 오 사장님 덕분에 생각지도 못하던 길을 가게 되었다. 이렇게 시작된 인연은 지금까지 이어져 그분은 현재 우리 회사의 임원으로 함께 일하고 있다. 그때의 만남이 평생 감사의 인연으로 이어진 것이다.

'그래, 용기를 한번 내보자. 남들이 할 수 있는 사업이라면, 나라고 못하란 법이 있을까?'

어느덧 조금씩 용기가 생기며 결심이 서기 시작했다. 당시 내 나이 스물 하나였다. 공장을 시작하려고 시장조사를 해보니 최소한 250만 원 정도 필요했다. 건물 전세 비용이 150만 원 정도 되었고 나머지는 기본적인 기계 시설을 갖추는 데 필요한 최소한의 비용이었다. 현재 가치로 따지면 대략 5,000만 원 정도 되는 금액이 아닐까 싶다.

돌이켜보면 참 무모할 정도로 배짱을 부렸다는 생각이 들지만 어쨌든 용기를 내어 일단 창업해 보기로 했다. 지금도 감사한 것은 창업 계획에 대해 아버님께 말씀을 드렸을 때 흔쾌히 해보라고 용기를 주셨다는 점이다.

21살인 아들이 사업하겠다고 나서면 밀어줄 부모가 과연 몇이나 될까? 아버지는 참으로 미래지향적인 안목을 지닌 분이셨다. 이후로도 아버지는 장남이 하는 일이라면 무엇이든 언제나 찬성하고 아낌없이 밀어주셨다.

1977년까지 공장장으로 있으면서 봉급으로 모은 돈과 내가 보낸 돈으로 사 두었던 논 세 마지기를 다시 팔아서 모두 150만 원을 마련할 수 있었다.

그러나 아직도 100만 원이 부족했다. 이 돈은 아버지가 시골에서 소를 팔고 그래도 부족한 부분은 동네 사람들에게 빌려서 보내주셨다. 연 60%에 달하는 고리(高利)였지만 달리 돈을 구할 방법이 없었으니 그것도 너무 감사하기만 했다.

1977년 5월 20일, 서울 용산구 신계동에서 '대신 스프링' 간판을 걸고 개업식을 했다. 직원은 총 다섯 명이었다. 100㎡(약 30평) 크기의 공장에 기계를 몇 대 들여놓으니 내부가 꽉 찼다.

당시로서는 비싼 가격이었던 30만 원짜리 백색 전화를 한 대 들여놓은 뒤, 본격적인 영업에 들어갔다. 낮에는 제품 수주를 위해 거래처에 다녔고, 밤에는 직원들과 함께 수주받은 물량을 제작하면서 공장을 운영하기 시작했다.

그렇게 시작된 사업은 낮에는 영업, 밤에는 작업으로 이어졌다. 막상 창업을 해보니 육체적인 고통은 힘든 것도 아니었다. 나를 바라보는 직원들 그리고 시골에 계신 부모님과 형제들의 기대를 생각하면 한없이 어깨가 무거워졌고, 더 열심히 뛰지 않을 수 없었다.

조금씩 일이 많아지면서 시골에서 여동생이 올라와 직원들의 식사를 담당해 주었다. 당시 나는 사장이라기보다는 영업사원이자 공장장에 가까웠다. 이 무렵 교회는 자주 나가지 못했지만, 마음속으로 기도를 잊지 않았다.

"주님, 감사합니다. 부족하고 어린 제가 이렇게 회사를 차리고 사장이 된 것은 하나님이 주신 은혜입니다. 회사를 잘 운영하고 많은 돈을 벌어 어머니와 아버지의 한을 풀게 해주세요. 그리고 저처럼 등록금이 없어 학교에 가기 힘든 학생들을 도울 수 있게 해주세요."

# 스물셋에 찾아온
# 첫 실패

젊은 패기 하나로 시작한 일이었지만 밤낮없이 열심히 일한 결과 조금씩 성과가 나타나기 시작했다. 물건을 잘 만든다는 소문이 나면서 매출도 늘어났고 일손이 부족해서 직원도 새로 뽑았다. 시골에 있던 남동생도 불러서 함께 일하기 시작했다.

월급을 주고 결산을 하면 내 몫으로 돌아오는 액수가 봉급생활을 할 때와는 비교도 할 수 없을 만큼 컸다. 이렇게 2년 6개월 정도 열심히 일하고 나니 약 1,000만 원 정도 되는 돈이 모였다. 통장에 든 돈을 바라보면 너무나 신기하고 감사했으며 이런 보람된 시간을 누리고 있다는 것이 실감나지 않았다.

그러나 모든 일이 탄탄대로로 풀려가는 것만은 아니었다. 공장을 운영하다 보면 이런저런 어려움이 늘 따라다녔는데 그중에서도 가장 어려웠던 것은 바로 수금 문제였다. 나이가 어려 만만하게 보였는지 일을 맡겨 놓고 대금결제를 제대로 해주지 않는 곳들이 종종 있었다. 또 납품한 물건 대금을 한번에 주지 않고 푼돈으로 조금씩 나누어주는 일도 다반사였다.

한번은 기숙사에서 생활하던 직원 하나가 월급날 전체 직원들에게 나눠줘야 할 돈을 들고 도망간 적도 있었다. 참으로 황당하고 어처구니가 없었다. 다음 날 다시 돈을 마련해서 월급을 주었지만 너무나 가슴이 아팠다.

어떻게 자기만 살겠다고 동료들의 돈을 모두 훔쳐갈 수 있는지, 그런 직원을 데리고 함께 동고동락했던 나 자신이 한심하게 생각되면서 커다란 상실감이 느껴졌다.

이런저런 어려움도 있었지만 공장은 꾸준히 성장해 나갔다. 나는 현실에 안주하는 것보다는 사업을 한 단계 더 키우는 일에 도전해야겠다는 결심을 했다. 시설 확충을 통해서 공장의 규모를 늘리기로 한 것이다.

확장 규모를 고민한 끝에 2,000만 원 정도를 공장의 시설 등에 재투자하기로 했다. 2,000만 원을 투자한다는 것은 정말 어려운 결정이었다. 그동안 모은 돈이 있었지만 나머지 돈을 구하는 것이 문제였기 때문이다.

요즘 같으면 각종 보증기금이나 은행 대출을 생각하겠지만 당시 은행 거래가 없었던 내가 자금을 마련할 수 있는 길은 사채밖에 없었다. 무려 연 60%에 달하는 고금리 사채를 빌리면서도 크게 걱정하지는 않았다. 사업이 잘되었기 때문이다.

사실 공장을 시작하고 시설을 확충하면서도 그렇게 좋은 성과를 내리라고는 나 자신도 예상하지 못한 일이었다. 나중에는 공장도 더욱 큰 곳으로 옮기고 설비도 새로 갖추어야 할 정도로 일이 많아졌다.

그 무렵 막 출시된 신형 브리샤 한 대를 뽑았다. 당시 자동차라고 하면 큰 회사 사장님이나 탈 수 있는 부의 상징이었다. 뿐만 아니라 아직 결혼하기 전이었지만 1,000만 원짜리 연립주택도 한 채 소유하게 되었다.

스물 셋의 청년이 누리기에는 엄청나게 크고 빠른 성공이었다. 내 또래 친구들은 아직 대학 생활을 하거나 이제 막 첫 월급을 타는 사회 초년생일 터였다. 나는 남들보다 몇 발짝 앞서가고 있었다.

그러나 세상에는 공짜란 없었다. 공장장 시절에 일을 너무 열심히 한 탓인지 몸에 무리가 와서 젊은 나이에 늑막염으로 보름 정도 입원 치료를 받아야 했다. 퇴원을 한 뒤에도 피부에 문제가 생기는 등 각종 자잘한 질병들 때문에 고생해야 했다.

그 무렵 군대 가는 문제 때문에 신체검사를 받게 되었는데 각종 질병들 때문에 결국 징집면제 판정을 받게 되었으니 이걸 좋은 일이라 해야 할지, 나쁜 일이라 해야 할지 알 수 없는 일이었다.

조금씩 회사의 규모가 커지면서 말썽부리는 거래처가 생겨나기 시작했다. 대금을 조금씩 주면서 일을 시키다가 나중에 홀랑 떼먹고 사라지는 사람이 있는가 하면, 부도어음을 주거나 아예 작정을 하고 사기를 치는 이들도 있었다.

그래도 이런 부분적인 문제들은 경험을 통해 처리해 나갈 수 있었지만 문제는 사회 전반에 걸친 불경기나 정치적, 사회적 격변으로 인해 타격을 받는 경우였다.

1979년 10월 26일, 박정희 대통령 시해사건이 일어나면서 비상계엄이 선포되고 사회가 뒤숭숭해졌다. 금방이라도 전쟁이 터질 것만 같은 분위기였다. 군인들이 정부를 장악하자 해외에서 한국을 바라보는 시각은 한층 불안하고 위태로워지기 시작했다. 이 여파로 인해 수출은 물론 국내 경제도 제대로 돌아가지 않게 되었다.

엎친 데 덮친 격으로 1980년 새해가 시작되면서부터 유류파동이 일어났다. 그 여파로 수입물가가 정신없이 뛰면서 무려 40% 가까이 오를 만큼 인플레이션이 극심한 상황이 되었다.

수출을 주로 하던 회사들이 커다란 타격을 입기 시작했고 원자재 가격 인상으로 인해 물건을 하청 받아 납품하면 오히려 손해가 나는 기현상이 발생했다.

결국 물건을 팔수록 손해가 나게 되자 업체들은 하청을 중단하게 되었고 우리 공장도 일거리가 뚝 끊어지는 상황이 되었다. 사업이 잘될 거라는 장밋빛 기대와 바람으로 공장을 넓히고 직원도 채용했는데 예상치 못했던 커다란 암초를 만나게 된 것이다.

직원들 봉급과 사채 이자는 매달 나가야 하는데 일을 할 수 없게 되었으니 눈앞이 막막했다. 급한 마음에 일단 우리가 살던 연립주택의 방 세 개 중 두 개를 전세 놓아서 그 돈으로 적자를 메꾸었다. 하지만 얼마 지나지 않아 그 돈으로도 감당할 수 없는 지경에 이르고 말았다. 일도 없이 놀 수만은 없었다. 할 수 없이 함께 일하던 남동생이 다른 회사의 운전기사로 취직해서 그 월급으로 몇 달을 버텼다.

이렇게 지내는 가운데 어느새 밀린 이자가 눈덩이처럼 커져 있었다. 경기의 흐름이 이렇게 사업의 상황을 반전시켜 놓을 거라고는 전혀 예상하지 못한 일이었다.

경제가 안 돌아가 일거리가 없는 것을 누구에게 원망할 수도 없는 일이었다. 가만히 생각해 보니 이렇게 그냥 있다가는 남들처럼 회사가 도산하는 것은 시간문제일 것 같았다.

'하청이 오기를 기다리지만 말고 제품을 개발해서 직접 팔아보면 어떨까?'

문득 그런 생각이 들었다. 그래서 일반적으로 많이 사용하는 '스프링 와셔'를 만들어 팔아보기로 했다. 재료값도 없어 겨우 사정하며 외상으로 가져와서 직원들과 함께 밤낮으로 열심히 만들었다. 이 제품이 잘 팔리면 꽉 막힌 숨통이 좀 트일 터였다.

그러나 제품 확인검사를 소홀히 한 탓에 불량이 발생해서, 생산된 물건들 전량 판매할 수 없는 제품으로 남게 되었다. 정말 하늘이 노래지는 것 같았다. 외상으로 재료를 받아 몇 개월 동안 힘들게 만든 제품이 모두 고철로 둔갑하는 순간이었다. 늘어나는 빚을 갚아보려고 시작한 일이 빚을 더 늘어나게 만들어 버린 것이었다.

　스물셋의 나이로는 감당하기 어려운 처절한 첫 실패였다. 더 이상 탈출구가 없어 보였다. 아니, 위기를 탈출하기는커녕 점점 더 깊은 수렁으로 빠져드는 것만 같았다.

# 새벽기도의 힘

　　　　　　　일거리는 완전히 끊기고 상황을 타개하기 위해 시작한 제품 개발도 실패로 돌아가 사면초가가 되고나니 '월급쟁이로 살 걸 괜히 사업을 해서 이 고생을 하는구나' 라는 생각이 들면서 후회가 밀려왔다.

　무엇보다 연 60%가 넘는 사채 이자를 감당할 길이 없었다. 부모님이 빌린 사채는 더 철저하게 이자를 보내야 했으므로 그 압박감에 숨이 막힐 것만 같았다. 경제는 순환이다. 모든 것이 막힘 없이 흘러가야 경제활동이 이어지는 것이다. 한 곳만 막히거나 지체되어도 나라 경제든 기업 활동이든 순환이 되지 않는 것이다.

　갚아야 하는 빚과 이자 총액을 따져보니 재산을 다 팔아도 부족했다. 방 두 개 전세금과 은행 대출까지 감안하면 재산이라고 할 수 있는 게 남아 있지 않았다.

사업 시작 후 처음 겪는 암담함이었다. 입에서 "하나님!"이라는 외마디 소리가 절로 터져 나왔다. 빚을 내서 이자를 갚는 식으로 지탱해 갔지만, 이 역시 한계가 있음을 절감하고 있었다.

그즈음 신앙생활에 소홀했다는 생각이 퍼뜩 들었다. 초창기에는 매달 일을 쉬는 첫째, 셋째 주일마다 항상 공장 근처에 있는 성산감리교회에 출석했었다. 그곳의 청소년 담당으로 계셨던 윤병조 목사님은 후일 결혼식 주례를 맡아 주신 분이다. 그분의 설교를 들으면 신앙생활을 열심히 해야겠다는 다짐이 솟아올랐다. 그러나 아침 저녁으로 변하는 것이 사람의 마음이라 했던가. 사업 규모가 커지면서부터 바쁘다는 핑계로 어느새 신앙생활에서 멀어져 있었다.

발등에 불이 떨어진 뒤에야 비로소 나는 정신을 차리고 스스로를 돌아보게 되었다. 사업상의 고난에 직면하면서 다시 하나님을 찾게 되었던 것이다. 스물세 살의 어린 나이로 감당하기에 힘든 현실 앞에서 나는 하나님을 찾아 기도로 부르짖었다.

결혼 후부터는 독산동 집 근처의 교회에 나가고 있었는데 어느 날 담임 목사님을 찾아가 방문을 요청했다. 그리고 집으로 오신 목사님께 지금 처한 사업의 위기를 소상히 말씀드린 뒤, 헤쳐나갈 지혜를 주십사고 부탁했다. 목사님은 우리 부부를 위해 기도해주신 뒤 성경책을 펼치며 요셉에 대해 말씀해 주셨다.

"요셉은 형들 때문에 애굽으로 팔려가서 누명까지 쓰고 옥에 갇히며 갖은 고통과 어려움을 겪었지만 결국 승리할 수 있었습니다. 지금 매우 힘드시겠지만 계속 기도하며 하나님을 의지하시길 바랍니다. 인내하는 가운데 하나님께서 길을 열어 주실 뿐만 아니라 더 큰 사업가로 세워주실 것입니다."

목사님은 다음날 새벽부터 함께 기도하자고 제안하셨다. 다급했던 나는 목사님 말씀에 순종하여 100일 새벽기도를 작정했다. 아내도 함께 기도하자고 손을 이끌었다. 매달 이자 50만 원에 직원들 봉급으로 30만 원, 기타 경비 등 최소 100만 원이 있어야 운영되는 상황 속에서 현실적으로 다른 대안이 없었다. 모든 것이 일감이 없어서 벌어진 일이었다. 공장을 가동할 수 있도록 일감을 줄 수 있는 사람을 만나게 해 달라는 기도 외에는 다른 방법이 없었다.

기도를 시작한 지 한 달 가까이 되었을 때 처남이 산에서 산삼을 세 뿌리 캤다며 그중에서 하나를 가져왔다. 나를 생각해서 가져온 그 마음이 고마웠다. 처남에게 고맙다는 인사를 하려는데 인사가 채 끝나기도 전에 불쑥 당시 거래처 중의 하나인 D탄좌의 이 과장에게 가져다 주어야겠다는 생각이 들었다. 생뚱맞게 왜 그 사람이 생각났는지는 알 수 없었다.

이튿날 아침, 일찌감치 이 과장에게 전화를 걸고 무조건 찾아갔다. 그리고 신문지에 싼 산삼 한 뿌리를 불쑥 내밀었다.

"아니 이게 뭐예요?"

"처남이 시골에서 산삼을 캤는데 저 먹으라고 가져왔어요. 그런데 이것을 보는 순간 나도 모르게 이 과장님 생각이 나는 거에요. 그래서 선물로 드리려고 가져왔어요. 산삼 드시고 힘내서 열심히 일하세요."

이 과장은 깜짝 놀라며 손을 저었다.

"이 귀한 것을 제가 왜, 괜찮습니다. 요즘 어려우신데 사장님 드시고 힘내세요."

비싼 선물이라고 생각했는지 이 과장은 단번에 사양했다. 그러나 고가품도 아니고 시골에서 캔 것이니 부담 없이 받아달라고 하자 나의 정성에 매우 고맙다며 기쁘게 받겠다고 했다. 그러면서 이 귀한 삼이 얼마나 가는지 액수를 물었다. 사실 나도 모르니 얼마라고 대답할 수가 없었다.

그 선물을 통해 대가를 바라지는 않았다. 그냥 산삼을 보는 순간 그분의 얼굴이 떠올라 선물하면 좋겠다고 느껴져 행동에 옮겼을 뿐이었다. 그러나 이것이 그동안 간절히 새벽기도를 해 온 것에 대한 응답으로 주어졌다는 것을, 그때는 알지 못했다.

이 일이 있고부터 한참 지난 뒤 산삼을 받은 이 과장으로부터 불쑥 연락이 왔다. 좀 만나자는 것이었다. 회사로 오라고 해서 방문했더니 도면 한 장을 내밀면서 이 제품을 만들 수 있겠느냐고 물었다. 반가운 마음에 도면을 받아들었지만 이내 말문이 막히고 말았다. 석탄을 실어나르는 운반용 차량에 사용하는 판스프링의 설계 도면이었는데, 이 제품은 대기업에서나 만들 수 있는 것이었다. 우리 회사는 제품을 만들 수 있는 시설 자체가 없었으므로 제작은 당연히 불가능한 일이었다.

"도면대로 제작할 수 있습니까?"

물건을 만들 수 있겠느냐고 다시 한번 묻는데 나도 모르게 만들 수 있다는 대답이 튀어나왔다. 이 과장은 일단 400개를 주문할 테니 견적서를 보낸 뒤 만들어달라고 했다.

"정말 고맙습니다. 차질 없이 잘 만들어 납품하겠습니다. 도와주셔서 감사합니다."

거듭 인사를 하고 나서는데 과연 이 제품을 어떻게 만들어서 납품해야 할지 걱정이 태산 같았다. 밤잠이 오지 않았다. 그래도 일단 약속했으니 생산할 수 있는 공장을 반드시 찾게 해달라고 다시 기도하기 시작했다.

# 고난 중에 인내하고
## 승리한 요셉처럼

           이튿날부터 서울 시내에 있는 큰 스 프링 공장을 모두 찾아나섰다. 5kg에 육박하는 판스프링은 제작과 정이 까다롭기 때문에 적당한 업체를 찾는 게 쉽지 않았다. 대부분 고 개를 흔들었다.

  사흘이 지났을 무렵 구로동에 있는 신흥스프링이라는 회사를 찾아 가게 되었다. 그런데 공장장에게 도면을 보여주었더니 똑같은 샘플을 가지고 나오는 것이 아닌가? 나중에 알게 된 사실이지만 이미 동일한 제품을 많이 만들어 본 경험이 있는 회사였다.

  하나님은 결코 간절한 기도를 외면하는 분이 아니셨다. 산삼을 받 을 때 이 과장이 떠올랐던 것은 결코 우연이 아니었던 것이다. 마음속 으로 "하나님, 감사합니다."라고 부르짖었다.

판스프링 400개를 주문한다고 했더니 개당 9,000원에 해 주겠다고 했다. 나는 바로 주문을 요청하고 시간이 없으니 빨리 만들어 달라고 했다. 그러나 처음 보는 스물세 살의 어린 청년을 보고 360만 원이나 되는 큰 액수의 물건을 그냥 만들어줄 리가 없었다.

그들은 먼저 계약금을 요구했다. 그러나 돈이 한 푼도 없었다. 몇 달째 놀아 직원들 봉급을 마련하는 것만도 벅찰 때였으니 여유 자금이 있을 리 없었다.

별수없이 당장은 돈이 없지만, 납품 후 바로 지급하겠다고 하니 그럼 집이 있느냐고 물었다. 작지만 집은 한 채 있다고 대답했다. 그러면 그 집을 담보로 해서 물건을 만들 테니 집문서를 가져오라고 해서 그러기로 하고 작업을 진행하게 되었다

며칠이 지난 후 우리집의 등기부 등본을 가져다 주었다. 신흥스프링 담당자는 집문서로 몇 가지를 조사해 보더니 어이없다면서 고개를 흔들었다. 이미 은행과 마을금고에 2차 담보까지 잡혀 있어 가치가 없는 물건이라는 것이었다. 신흥스프링에서는 다른 담보를 요구했다. 하지만 나에게는 달리 담보로 제공할 만한 것이 없었다.

참으로 닛감한 순긴이었다. 제품이 급하디고 하도 강조를 했던 탓에 신흥스프링에서는 이미 판스프링을 만들 소재를 구매해 재료를 모두 절단해 놓은 상태였기 때문이다. 결국 신흥스프링에서도 어쩔 수 없이 믿어 보기로 하고 외상으로 작업을 진행하게 되었다.

드디어 제품이 완성됐다. 개당 하청 금액 9,000원에 3,000원을 추가

해 12,000원에 400개를 납품하니 D탄좌에서 일주일 안에 480만 원을 현금으로 결제해 주었다. 돈을 받자마자 곧장 신흥스프링으로 달려가 360만 원을 결제했다. 나를 믿어준 것에 대한 보답으로 나 또한 신용을 보여주고 싶었다.

남은 120만 원을 손에 쥐고서 새삼 기도의 위력을 절감했다. 새벽마다 강단에서 부르짖은 기도에 하나님이 응답하셨음을 체험한 것이다. 이 거래를 통해 D탄좌와 신흥스프링 모두의 신뢰를 얻은 나는 다시 판스프링 800개를 주문 받았다. 한동안 이 주문은 계속되었으며 나는 열심히 중간 역할을 수행해 신뢰를 쌓았다.

판스프링이란, 석탄을 실어 나르는 차량에 들어가는 충격방지용 스프링으로서 한참을 쓰다 보면 무게로 인해 마모되어 자주 교체해야 하는 소모성 부품이다. 당시 유류파동으로 인해 석탄의 수요가 늘어나 시중에서 없어서 못 팔 정도였다. 탄광에서는 24시간 석탄을 캐서 날랐고 그에 따라 판스프링의 수요도 늘어났던 것이다.

이러한 경험을 하고나서부터 기도를 더욱 열심히 하게 되었다. 하나님은 다시 보너스를 주셨다. 내가 받는 개당 주문가격을 대기업이 제작해 받는 가격으로 올려준 것이다. 내 거래내역을 알게 된 지인이 적당한 가격을 받으라며 견적서를 새로 만들도록 도와준 덕분에 가능한 일이었다.

석유파동으로 인해 고난을 당했지만 그 반대급부로 성수기를 맞이하게 된 석탄산업 관련 부품을 취급하면서 사업의 위기를 돌파할 수

| 1988년, 서른두 살에 회사 집무실에서

있었으니 하나님은 참으로 인간의 상식을 뛰어넘어 특별하게 역사하신다는 생각이 든다.

이 일을 통해 나의 수입은 확 늘어났고 벼랑 끝에 몰려 있던 사업의 어려움을 일시에 해소할 수 있었다. 결국 이 일은 사업이 한 차례 더 도약하는 계기를 만들어 주었다. 하나님은 이렇게 차고 넘치도록 복을 주신다는 것을 직접 경험하면서 나는 신앙을 더욱 굳게 가꿀 수 있었다.

지금도 그때를 생각하면 감사가 터져나온다. 당시 흑자를 내는 기업은 석탄회사와 연탄회사밖에 없을 때인데 석탄회사를 만나 손에 장갑 한번 끼어보지도 않고 전화 몇 통으로 많은 돈을 벌게 된 것은 기적이었다고밖에 할 수 없을 것이다.

목사님의 말씀대로 요셉이 고난 중에 인내하고 승리한 것처럼 기도로 다시 일어선 나는 3년여 만에 모든 빚을 다 갚을 수 있었다. 여기에 그치지 않고 1984년 부천시 도당동에 220여 평의 공장까지 새로 매입하는 놀라운 역사가 일어났다.

처음으로 마련한 내 소유의 공장이었다. 물론 구입자금이 부족해 은행 대출도 받고, 공장의 일부를 세 놓으면서 당시로서는 버겁게 마련한 공장이었다.

그러나 남의 건물을 빌려 운영할 때와 달리 월세도 나가지 않았고 모든 면에서 한결 수월해졌다. 무엇보다 처음으로 내 공장을 마련했다고 생각하니 너무나 뿌듯하고 감사했다.

하나님은 회생이 힘들어 보였던 내게 D탄좌의 이 과장을 만나게 함으로써 닫혀 있던 사업의 문이 열리는 체험을 하게 하셨다. 나는 모든 것에 필연과 섭리가 있음을 믿는다.

하나님을 믿는 나로서는 이 모든 것을 우연으로 돌릴 수 없다. 하나님의 세심한 손길과 인도하심이 순간순간 작용했다는 것을 깨닫는다. 하나님은 살아 계셨다.

# 2장

## 거침없이 도전하고
## 아낌없이 투자하라

꿈은 이루어진다.
이루어질 가능성이 없었다면
애초에 자연이 우리를 꿈꾸게 하지도 않았을 것이다.
| 존 업다이크 |

# 위기는
# 예고 없이 다가온다

1984년에 공장을 마련하고 새로운 도약을 꿈꾸던 나는 주 거래처였던 D탄좌의 일감이 사라지는 시대적 상황에 마주하게 되었다. 정부가 '86서울아시안게임'과 '88서울올림픽'을 유치하고 이를 준비하는 과정에서 비롯된 일이었다.

당시 수도권 가정들 중에는 연탄을 사용하는 집이 많았는데 그로 인해 발생하는 일산화탄소가 대기오염에 큰 영향을 미친다는 것이 밝혀지면서 에너지 정책의 변화를 모색하게 된 것이었다. 두 번의 국제대회에 선진국 사람들이 대거 오는데 한국의 대기오염 문제는 나라 망신이라고 판단했던 정부는 연탄사용을 줄이고 가스보일러와 기름보일러를 사용하도록 권장했다.

이때부터 새 건물을 지을 때에는 설계 단계에서부터 기름이나 가스보일러를 사용하도록 바뀌기 시작했다. 이처럼 석유와 가스보일러 시장이 급상승하면서 반대로 석탄시장은 가파르게 하향곡선을 그렸다.

'88서울올림픽'을 계기로 강남 송파구에 지은 대규모 선수촌 아파트에 가스보일러를 설치하면서 연탄 사용량은 더욱 급격히 줄게 되었고 그 여파는 고스란히 거래처였던 D탄좌의 물량공급에 영향을 주었다. 새로운 판로를 고민해야 하는 상황이 온 것이다.

이제 좀 자리를 잡고 회사를 도약시키려는 터에 안타까웠지만 현실을 인정해야 했다. 새로 공장을 구입하느라 은행에서 대출받은 것도 갚을 길이 막막했지만, 일거리가 줄면서 당장 직원들 봉급부터 문제였다. 원청 공장의 상황에 따라 휘둘릴 수밖에 없는, 이것이 하청 공장들의 현실이었다.

문득 용산스프링 공장장으로 근무할 당시 바로 맞은편에 있던 I전기공장이 생각났다. 전기 소켓과 밥솥코드 등을 만드는 I전기는 후일 크게 확장해서 부천으로 이전했는데 그 사장님과는 용산에 있을 때부터 인연이 있었다. 내가 물건을 가져다주기도 하고 사장님이 직접 방문해 기술 상담을 한 적도 있었던 것이다.

몇 년간 소식이 뜸한 상태였지만 혹시나 하는 마음에 I전기를 찾았다. 사장님은 아주 반갑게 맞아주시며 차를 대접해 주셨다. 당시 I전기는 우리 회사와는 비교도 안될 정도로 부천에 몇천 평이나 되는 큰 공장을 가진 규모 있는 회사였다.

내가 공장장으로 있는 줄만 알았던 사장님은 그 사이 용산 스프링에서 있었던 일과 공장을 세우게 된 사연을 듣고는 잘했다며 축하해 주셨다. 나는 사장님께 솔직하게 말씀드렸다.

"요즘 저희 회사에 일감이 별로 없습니다. 사장님께서 일감을 주시면 열심히 만들어 잘 납품하겠습니다."

말을 듣자마자 사장님은 바로 인터폰으로 구매과장을 불러 일감을 줄 수 있도록 해보라고 지시했다. 너무 시원시원해서 오히려 내가 몸 둘 바를 모를 지경이었다. 구매과장은 곧바로 나를 자기 방으로 안내하더니 잠시 후 30여 종의 샘플을 가져와 이 제품들을 생산할 수 있느냐고 물었다.

샘플들을 살펴보니 우리 공장에서 생산할 수 있는 것은 약 20%밖에 되지 않았다. 나머지는 외주 처리할 생각을 하고 모두 만들어 드리겠다고 약속하며 즉석에서 주문을 받았다.

침체되어 있던 우리 회사에 일감이 넘치면서 갑자기 바쁘게 돌아가기 시작했다. 샘플을 만들어 품질을 인정 받자 곧바로 주문으로 이어졌다. 회사는 철야작업을 해야 할 정도로 주문량이 많아졌다. 하나님께서 새로운 통로를 열어 주신 것이라 여기고 밤낮없이 일했다. 돈을 번다고 생각하면 피곤함도 저만치 물러가는 것 같았다.

I전기와의 거래에서 단 한 가지 문제는 결제대금을 약속어음 5개월짜리로 끊어준다는 점이었다. 5개월 약속어음은 다음 달 말일에 결제하면 7개월짜리 어음이 된다. 이렇게 기간이 길다보니 돈이 급할 때는 사채시장에 가서 어음할인을 통해 자금을 조달할 수밖에 없었다.

거래를 시작한 지 7개월쯤 지났을 무렵, I전기에서 받아야 할 돈은 무려 1억 4,000만 원 정도로 불어나 있었다. 당시로는 아주 큰 액수였다. 그 무렵 나는 D탄좌와의 거래를 통해 업계에 신용을 쌓아 왔고 수입도 좋았기에 재료상에서 외상으로 재료를 받아 물건을 만드는 데는 이상이 없었다.

그런 어느 날, I전기가 부도 날 수도 있다는 소문을 듣게 되었다. 그러고 보니 I전기의 분위기나 직원들의 표정도 예전과 달리 어수선해 보였다. 하지만 사업 경험 없이 순진하기만 했던 나는 종업원이 수백 명인 큰 회사가 그렇게 쉽게 부도가 날 리 없다고 생각했다. 그래서 부도 이야기가 들려도 한쪽으로 흘려버리고 열심히 일해서 납품기일을 맞추고 제품을 잘 만들어 신뢰를 쌓는 일에만 집중했다.

그렇게 몇 달이 지난 어느 날, 우리 회사 결제일이 돌아오는 달이었는데 또 다시 I전기가 부도난다는 이야기가 들려왔다. 이번에는 느낌이 심상치 않아 I전기로 달려가 사장의 동생인 전무를 만났다.

"I전기회사가 부도난다는 이야기가 있던데 그게 사실입니까?"

전무는 조금의 망설임도 없이 "사실입니다."라고 대답했다. 그 소리를 듣는 순간 갑자기 머릿속이 텅 비면서 현실감이 느껴지지 않았다. 분명히 부도라는 말을 들었는데도 믿을 수가 없었고 발을 딛고 서 있는 땅바닥이 꺼져버리는 것만 같았다.

# 멀티포밍으로 시작된
# 기계자동화

전무는 흥분한 나에게 의자를 권하면서 자기 말을 들어보라고 했다. 하기야 그도 제정신이 아닐 터였다.

"우리 회사의 주 거래처가 바로 S알루미늄인 거 잘 아시죠? 이곳이 얼마 전 최종 부도 처리되었습니다. 저희도 받아놓은 어음 몇십 억이 휴지 조각이 되는 바람에 지금 연쇄부도가 불가피한 상황이 된 겁니다. 거래한 지 얼마 안된 이 사장께는 정말 죄송하지만 우리도 어쩔 수가 없네요."

자신들 또한 피해자라고 하소연하며 억울해하는 전무 앞에서 나는 어떤 말도 생각나지 않았다. 온몸에 힘이 쫙 빠지며 그대로 주저앉을 것만 같았다. 그동안 얼마나 열심히 일하면서 제품을 납품했는데 이렇게 되다니, 지금 이 순간이 꿈이었으면 싶었다.

며칠 후, 그렇게 믿었던 I전기 사장이 이미 20일 전에 미국으로 도망 갔다는 소식이 들려왔다. 그동안 자재를 사느라 들어간 돈과 외상으로 밀린 결제를 생각하니 천 길 낭떠러지로 뚝 떨어지는 것만 같았다.

I전기에서 받아야 할 1억4,000만 원은 당시 내 전 재산을 팔아도 마련할 수 없는 큰 액수였다. 알고 보니 내가 I전기를 처음 방문했을 때부터 이미 업계에서는 위태롭다는 소문이 돌고 있었다고 했다. 다른 회사들이 모두 납품을 꺼리던 때라 자연히 모든 일감이 나에게 돌아오게 된 모양이었다.

기업을 한다는 사람이 거래처 재정에 관심도 없이 무작정 열심히만 하면 된다고 생각했으니, 무지했던 나 자신이 너무나 한심했다. 돌아보니 스스로 불길에 뛰어들어 마지막 희생양이 되어준 꼴이었다.

너무나 큰 충격으로 잠을 잘 수도, 음식을 먹을 수도 없었다. 어쩔 수 없이 금식 아닌 금식기도로 하나님을 찾을 수밖에 없었다. 며칠간 금식기도를 했지만 도무지 지금의 난국을 헤쳐나갈 방법이 보이지 않았다.

어느새 체중은 6kg이나 줄어 있었다. 몸도 마음도 지칠대로 지쳐 있었고 할 수 있는 것은 아무것도 없었다. 오직 기도뿐이었다. 부도 처리되는 날짜를 기다리는 것이 마치 사형수가 사형날짜를 기다리는 것만 같았다.

마침내 최종적으로 부도 처리되는 마지막 날이 돌아왔다. 오후 5시가 넘어가면 나는 모든 것을 잃고 빚더미 속에서 헤어날 수 없게 되는 상황이었다. 초긴장 속에서 시계만 바라보고 있는데 오후 4시쯤 되었을까? 전화벨이 울리더니 흥분한 직원의 목소리가 들려왔다.

"사장님, 됐습니다. 됐어요!"

"뭐가요, 무엇이 됐다는 것이요?"

"어음을 막았습니다."

"어음을? 정말이요? 어떻게 막았대요?"

"I전기 사장님이 미국에서 돌아와 어음 부도를 막았답니다."

직원의 목소리가 아득하게 들리면서 순간 맥이 쫙 풀렸다. 나도 모르게 두 눈에서 눈물이 고이고, 털썩 그 자리에 주저앉고 말았다. 하나님께서 마지막 순간에 다시 한번 내 손을 잡아주신 것이다.

부도를 예감하고 일단 미국으로 건너간 I전기 사장은 부도 직전까지도 자신을 믿고 납품해 준 회사들의 피해만큼은 막고 싶었다고 한다. 그래서 미국에서 여러 업체를 통해 제품 수주를 받았고 계약금과 금형비를 선금으로 달라고 요청한 후에 한국에 와서 L/C(신용장, 은행이 지급을 보증하는 결제방식)를 담보로 어음을 막았던 것이다.

I전기는 다시 가동되기 시작했고 이 일로 호된 경험을 한 나는 그때부터 거래처의 신용도를 체크하는 등 좀 더 체계적인 공장 운영의 필요성을 느끼게 되었다.

이 무렵, 한국의 저임금을 무기로 한 수출품이 해외 바이어들의 주문을 감당하기 힘들 정도로 엄청나게 늘어나고 있었다. 물량이 많아지자 I전기는 자신들의 위기 때 납품을 포기한 업체보다 끝까지 납품하면서 신용을 지켜왔던 우리 회사를 인정해 납품 우선권을 주었다. 남들이 외면할 때 묵묵히 일하며 납품해 준 우리에게 고마움을 표현한 것이다.

결과적으로 우리 회사는 평소보다 두 배 많은 물량의 하청을 받게 되었다. 전화위복이 된 셈이었다. 남들에게는 바보같이 보일 수도 있겠지만 결국 하나님께서 합력하여 선을 이루어 주신 것이라 믿는다.

하청을 많이 받게 된 것은 좋은데 물량이 너무 많아지다 보니 수작업으로 만드는 데에 한계가 있었다. 우리보다 한참 앞서나가던 일본이라면 좋은 자동화기계가 있지 않을까 싶어 수소문한 끝에 한 회사를 찾아냈다.

알아보니 세 사람이 하루에 5,000~6,000개 만들어 낼 수 있는 제품을 일본의 자동화기계로는 6~7만 개까지 만들 수 있다는 것이었다. 수작업의 수십 배가 넘을 만큼 생산성이 향상된다는 이야기를 듣자 '바로 이 기계'라는 확신이 들었다. 게다가 수작업보다 훨씬 높은 품질의 제품을 생산할 수 있었고 파손율까지 낮아 원자재 비용도 20% 이상 절감할 수 있었다.

멀티포밍(프레스와 코일스프링 가공의 장점을 살려 개발된 금속성형 가공 설비) 기계를 사면 모든 면에서 유리했지만 문제는 가격이 엄청나게 비싸다는 점이었다. 대당 가격이 무려 3,000만 원이었다. 당시 내 상황으로는 너무 엄청난 액수라 엄두를 내기 힘들었다. 그런데도 어떻게든 이 기계를 우리 공장에 들여놓겠다는 생각뿐이었다.

한국에 주재하면서 멀티포밍을 판매하는 일본인 가와구찌 상을 계속 졸랐다. 그는 내 나이가 어려 사장 아들인 줄 알았다가 사장이라는 사실에 깜짝 놀랐다고 했다. 왜 아니겠는가? 그때 내 나이 겨우 서른이었으니.

"당연히 사장 아들이라고 생각했어요. 그 이유는 이렇게 젊은 사람이 사장일 수는 없다고 느꼈기 때문이지요. 모든 결정을 혼자서 다 하길래 사장 아들쯤 되겠구나 하고 생각했죠."

가와구찌 상은 아직 한국에는 멀티포밍이 몇 대밖에 들어와 있지 않다면서, 내가 관심을 보이니 최대한 가격을 낮추어 주겠다고 했다. 나는 호기롭게 두 대를 사겠다고 주문했다. 가와구찌 상은 나중에 본사로부터 기계를 너무 싸게 팔았다고 호되게 야단을 맞았다고 한다.

워낙 고가의 제품이라 그런지 멀티포밍을 담보로 해서 은행대출을 받을 수 있었다. 갖고 있던 자금에 대출금을 보태 기계 대금을 결제했다. 기계를 도입하기까지 어려움이 많았지만 막상 가동을 시작하니 생산 효율이 높아져 큰 수입으로 연결될 수 있었다.

이 일을 계기로 해서 기계자동화에 눈을 뜨게 된 나는 한번 더 모험하기로 했다. 기계 4대를 들여오기로 한 것이다. 기계로 생산되는 제품은 정확하고 정밀하게 가공되어 나왔다. 사람과 달리 실수하는 일이 거의 없었기 때문에 누수되는 재료도 극소화할 수 있었다. 남들보다 조금 앞서서 과감하게 자동화기계를 도입하기로 결정한 것이 주효했던 것이다.

6대의 기계에서 생산되는 제품들은 곳곳의 주문을 차질 없이 납품할 수 있게 해 주었고, 그에 비례해서 내가 얻는 수익도 늘어났다. 자동화가 이뤄져 기계가 직원 몇십 명의 일을 척척 해주니 신기하고 경이로웠다. 게다가 기계에게는 밥을 해줄 필요도 없었다.

# 연이은 부도로
# 벼랑 끝에 서다

　　　　　　　　　　자동화 작업은 큰 수익과 함께 내 사업에 효자 노릇을 톡톡히 했다. 나는 자동화기계 쪽으로 회사의 역량을 집중시켰다. 국내에 몇 대밖에 없는 와이어컷팅기 등 고가의 기계를 연이어 수입하고 생산성을 높여 큰 성과를 거두게 된 것이다. 성능 좋은 기계로 인해 회사는 승승장구할 수 있었다. 여유 자금이 생기게 되자 5층 높이의 공장을 지어 '원일 정공'이라는 회사 간판을 걸었다.

　와이어컷팅기는 일본의 최첨단 제품으로서 모두 6대를 수입했는데 한 대에 무려 1억 원이 넘는 고가품이었다. 이 사업은 많은 수입을 보장해 주었다. 마치 양날의 칼이라고나 할까? 무슨 일이든지 가장 선두에서 개척자로 나선다는 것은 위험 부담도 있지만 반대로 대박의 가능성도 내포하고 있는 것이다.

당시 우리나라에는 유망 중소기업에 금리 혜택을 주는 제도가 있어서 이를 활용해 기계를 늘려갈 수 있었다. 가령 기계 2대를 들여오면서 담보대출을 받은 돈으로 다시 기계 2대를 수입하는 식이었다. 나는 이 기계를 통해 꽤 많은 수입을 얻었고 사업을 한 단계 도약시키는 발판으로 삼을 수 있었다.

어느 날, 주 거래처의 임원 한 사람이 나에게 골프를 배워보라고 권유했다. 6년 넘게 테니스를 즐겨왔지만 사업에 필요하다는 말에 곧바로 배우기 시작했다. 골프가 어떻게 중요한 역할을 하는지는 알 수 없었지만 열심히 노력한 끝에 1년 정도 지났을 무렵에는 어느 정도 수준에 오르게 되었다.

골프를 하게 되자 주말마다 고객사에서 설악산이나 제주도로 골프를 치러 가자고 연락이 오기 시작했다. 주중에는 근무하느라 주말에만 시간이 있었기 때문에 자연스럽게 교회에 빠지는 날이 늘어갔다. 모임이 잦아지면서 나중에는 골프가 끝난 뒤에 술을 마시고 고스톱을 치면서 시간을 보내기도 했다.

가랑비에 옷 젖는 것처럼 나도 모르게 이러한 생활에 익숙해져 갔다. 나중에는 거래처에서 부르는 일이 없으면 내가 먼저 어디로 가자고 제안할 정도로 그 생활을 즐기게 되었다. 골프마니아가 된 것이다.

지금 와서 생각해 보니 나에게는 심신을 수련하고 자아를 계발할 수 있는 청소년기가 없었다. 열다섯에 서울로 올라와 기술을 배우고, 스물한 살에 사업을 시작해 낮에는 일하고 밤에는 책을 읽으며 사는 것이 전부였다. 또래끼리 즐길 수 있는 놀이문화를 거의 접하지 못하고 일만 하면서 살았던 것이다.

그러다가 서른하나에 이르러 조금씩 사업이 안정되고, 골프를 배워 전국으로 다녀 보니 세상이 너무나 아름답고 좋았던 것 같다. 남들보다 적은 나이에 성공한 것은 분명 장점이 되기도 하지만 제때 누리지 못하고 지나간 것들에 대한, 마치 밀린 숙제와도 같은 뒤늦은 탐닉에는 그만큼의 대가가 기다리고 있었다.

1988년, 올림픽 특수로 인해 사업이 더욱 승승장구했고 어느새 나는 수십 명의 직원을 거느린 회사 대표가 되어 있었다. 서울 화곡동에 43평짜리 아파트도 장만해서 그야말로 남부러울 것이 없었다. 그 무렵 부천의 참된교회에 출석하고는 있었지만, 간절함이 사라진 신앙생활은 게을러진지 오래였다.

화무십일홍(花無十日紅)이라 했던가. 마냥 지속될 것만 같았던 좋은 날들이 어느새 그 끝을 보이고 있었다. 살얼음 위를 걸어야 하는 인생의 겨울이 저만치 앞에서 기다리고 있었던 것이다.

1990년대 들어 노사분규가 잦아지면서 전국 회사 노조들의 연합체인 민주노총의 힘이 막강해졌다. 당시 대기업들도 노사분규로 인해 줄줄이 쓰러지는 일들이 비일비재했다. 물론 노사 간 대립이 심해진 데에는 어느 한 쪽의 책임만 있다고 할 수는 없을 것이다. 어쨌든 현실적으로 자동차업체들이 생산을 중단하면서 전자부품업체들까지 큰 타격을 입게 되었다는 것이 문제였다. 이런 소용돌이 속에서 간신히 회생했던 I전기도 노사분규로 인해 두달간 공장 문을 닫게 되었다.

다시 한번 서서히 위기의 그림자가 몰려오고 있었다. 항상 잘 되는 회사는 없다. 당연히 위기가 찾아오게 되어 있다. 평상시 위기를 염두에 두고 대비했느냐의 여부가 결국 기업의 운명을 가르는 분수령이 되는 것이다.

우리 원일정공에서는 자동차 부품을 주로 생산했기 때문에 파업으로 자동차공장 가동이 중단되면 우리 역시 가동을 멈추어야 했다. 여러 가지 환경이 안 좋아지는 것을 느끼고 있는 가운데 본격적인 위험 신호가 온 것은 1992년 5월이었다.

15일간 중국 현지로 산업시찰을 다녀온 후에 직원으로부터 업무보고를 받는데 표정이 영 좋지 않았다. 어디 아프냐고 물었더니 거래처가 부도났는데 우리가 받아서 돌린 어음 1억 원을 바로 막아주어야 한다는 것이었다.

사정은 이러했다. 물건을 납품하고 고객사로부터 받은 어음을 다른 업체 대금으로 지급했는데 만기가 되어 고객사가 어음을 막지 못하고 부도났으니 결국 내가 책임을 져야 하는 상황이 된 것이었다. 급한 내로 우선 회사 수표를 발행해 사채로 일명 와리깡(어음할인)을 한 뒤 간신히 1억 원을 막았다.

그런데 이것으로 끝이 아니었다. 우리에게 어음을 준 회사들이 7월에는 8,000만 원, 8월에는 5,000만 원, 10월에도 수천만 원씩 줄줄이 부도를 내는 것이 아닌가? 게다가 11월에는 I전기까지 모두 1억 5,000

만 원의 부도를 내 5월부터 11월까지 다섯 군데의 거래처에서 모두 5억 원 정도의 부도가 났다.

정신 차릴 시간도 없이 막으면 부도가 나고, 막으면 또 부도가 났다. 엎친 데 덮친 격으로 우리 회사가 어음을 발행해 할인하고 있다는 소문이 나면서부터 아무도 우리 회사 어음을 할인해주려 하지 않았다.

삽시간에 주 거래처 90%가 부도난 상황이었다. 하루아침에 일감이 사라지고 회사에는 멈춰 있는 기계와 재고들 그리고 일손을 놓은 직원들만 남게 되었다. 기계 돌아가는 소리가 멈추니 공장은 완전히 폐허가 된 것 같았다.

어찌어찌해서 11월까지 다섯 번의 부도어음은 막을 수 있었다. 그러나 이제 곧 돌아오는 어음 2억 4,000만 원을 막지 못하면 우리 회사도 결국 최종 부도 처리가 될 수밖에 없었다. 이번 것은 액수도 컸지만 지금까지 계속 어음을 막느라 기진한 상태여서 자신이 없었다. 졸지에 부도기업이 된다고 생각하니 앞이 캄캄해서 어떻게 해야 할지 알 수 없었다.

돌려막기를 하느라 어느새 빚이 재산보다 더 많아진 상태였다. 기계는 모두 담보로 들어가 있으니 내 것이라고 할 수 없었다. 집과 공장도 모두 은행을 통해 남의 손에 넘어갈 순서만을 기다리고 있었다.

1980년에도 처참하게 모든 것을 다 잃었다가 회생했는데 이번에 닥친 위기를 딛고 일어날 수 있을지, 내 입에서 "하나님!"이란 외마디 간구가 또 한번 터져나왔다.

| 1986년 유망중소기업 현판식 기념으로 회사 앞에서

# 죽음의 문턱에서
# 주님을 부르짖으며

　　　　　　　　2억 4,000만 원의 어음을 막아야
할 시간이 돌아오고 있었다! 더 이상 물러설 곳 없는 벼랑 끝에 서 있
었다. 나만 바라보고 있는 50여 명의 직원들과 빚 독촉에 시달려야 할
가족들을 생각하니 눈앞이 캄캄했다.

　당시 회사의 재무 상태는 공과금도 내지 못할 정도로 최악이었다.
은행에 사정해 봤지만 액수가 너무 커서 안 된다며 단박에 거절했다.
그동안 고생했던 수많은 시간들이 뇌리를 스치며 눈물이 두 뺨을 타
고 흘러내렸다.

　골프 치고 놀러 다닐 때는 그렇게 좋아하고 친했던 사람들이 전화
를 하면 피하고 받지 않았다. 원일정공이 엄청난 금액의 부도를 맞았
다는 소문이 업계에 파다했다. 그러나 소문을 떠벌이는 사람만 있을

뿐, 전화 한 통이라도 걸어서 함께 걱정해주는 사람이 없었다.

　비로소 내가 인생을 잘못 살아왔다는 것을 깨달았다. 하염없이 눈물이 흘렀다. 이미 모든 일은 돌이킬 수 없는 상황에 이르러 있었다. 무엇보다 부모님께 한번도 제대로 호강시켜드리지 못하고 여기서 주저앉는 것이 죄송하고 한스러웠다.

　당시 사채업자들의 횡포를 익히 보아 온 나는 돈을 갚지 못했을 때 어떤 일이 벌어질지 그림이 그려졌다. 당시만 해도 사채를 갚지 않으면

| 가족사진, 아내와 두 아들과 함께

업자들이 폭력배를 동원해서 괴롭히는 경우가 꽤 있었기 때문이다.

이런 저런 생각을 하느라 잠이 오지 않았다. 하루에 한 시간도 제대로 잘 수 없는 불면증에 시달리다 보니 극심한 우울증까지 와서 결국 극단적인 생각까지 하게 되었다. 여기서 험한 꼴을 당하느니 차라리 내 인생을 접는 것이 모두를 위하는 길이라는 생각이 들었다.

무엇보다 지긋지긋한 돈 걱정에서 벗어나고 사채업자로부터 가족들을 보호하는 길은 이것뿐이라 판단했다. 나 혼자 고통을 안고 가면 다른 사람이라도 편안하지 않겠는가. 내 목숨 하나 버려서 이 고통스러운 현실을 끝낼 수만 있다면 차라리 그게 낫다 싶었다.

자살을 결심했다. 직원들이 다 퇴근한 텅 빈 사무실에 앉아 참담한 마음으로 유서를 쓰기 시작했다. 제일 먼저 부모님께 썼다. 열심히 일해서 돈을 많이 벌어 호강시켜드리려 했는데 이렇게 먼저 가게 되어 죄송하다며 불효자를 용서해 달라고 적었다. 아들을 위해 그렇게 애써서 도와주셨는데 기대해 부응하지 못하게 된 것이 너무나 죄송하고 한스러웠다. 사업이 이렇게 어려워진 내막을 자세히 알려드리지도 않았으니 사정을 이해하지도 못하실 터였다. 나로 인해 충격 받을 부모님을 생각하니 정말 마음이 아팠다.

다음은 아내에게 썼다. 예쁠 때 데려와 고생만 실컷 시키다가 이제는 아비 없는 어린 아들과 빚까지 남기고 가는 못난 남편을 용서해 달라고 적었다. 나에게 시집 온 뒤로 공장 직원들 하루 세끼 밥 해 먹이고, 빨래 해주고, 거기다 맏며느리로 시동생 시누이 보살피며 결혼까지 시킨 아내였다. 대소사가 있을 때마다 묵묵하게 모든 것을 감당해 온 아내에게 늘 미안한 마음을 갖고 있었는데 결국 사업의 고비를 넘지 못하고 좌절해버리는 남편을 얼마나 원망할지, 아내에게 모든 고통을 지우고 가는 것 같아서 너무나 미안하고 고통스러웠다.

다음은 초등학교에 다니는 두 아들 차례였다. 늘 바쁘다는 핑계로 놀이공원에도 한번 데려가지 못하고 이제 와서 너희를 두고 가는 이 아빠를 용서하라고 쓰는데 눈물이 왈칵 솟구쳤다. 자식에 대한 미안함과 아픔에 더는 견딜 수 없는 상태가 되고 말았던 것이다.

한번 터진 눈물은 마치 분수처럼 뿜어져 나와 멈출 줄을 몰랐다. 눈물에 콧물까지 주체할 수 없이 쏟아져 흐르는 눈물로 온 얼굴을 적시며 나는 흐느끼고 또 흐느꼈다.

순간, 최근의 내 삶이 주마등처럼 스쳐갔다. 하나님의 인도로 여기까지 왔으면서도 작은 성공에 취해 주일예배에도 참석하지 않고 술 마시고 놀러 다니던 내 모습이 선명하게 떠올랐다. 나는 울면서 통한의 기도를 드렸다.

"주님, 한 번만 더 기회를 주세요. 이전에 절체절명의 위기 때마다 도와주신 것을 잘 기억하고 있습니다. 그럼에도 불구하고 제가 주님을 떠나 제멋대로 산 것을 회개합니다. 한 번만 더 피할 길을 주세요. 제가 성공하면 하나님이 기뻐하실 일을 하고, 저처럼 돈이 없어 공부할 수 없는 이들을 위해 100억 원이 넘는 장학재단을 만들겠습니다."

100억이라니! 내 입에서 100억이라는 단어가 나왔다는 것은 아무리 생각해도 놀랄 일이다. 지금도 분명하게 기억하고 있다. 2억 원이 없어 도와달라고 기도하면서 100억 대의 장학재단을 만들겠다고 서원한 것은 결코 내 자아가 할 수 있는 말이 아니었다. 벼랑 끝에 매달려 하나님께 살려달라고 매달리는 내 입을 통해 성령께서 주신 말씀이었다고, 지금도 나는 확신한다.

야곱이 얍복강가에서 천사를 붙들고 구해주지 않으면 놓지 않겠다고 허벅지 뼈가 부러지도록 몸부림치며 기도했던 것처럼 하나님께 간절히 회개기도를 했던 바로 그 날, 난생처음으로 나는 깊은 신앙적 체험을 하게 되었다.

눈물을 흘리며 기도하는 가운데 "두려워 말라. 내가 너와 함께 하겠다."는 주님의 음성이 분명하게 들려왔다. 그 잔잔한 음성은 극심한 고통 속에 있던 나에게 희망의 손길이 되어주었다. 조금씩 마음이 가라앉으면서 하나님께서 함께 하시면 새로운 길을 열어주실 거라는 믿음이 생겼다.

눈물의 기도를 드리면서 나는 인간의 몸에서 이렇게 많은 눈물이 나올 수 있다는 사실을 처음으로 알았다. 신기할 정도였다. 고장 난 수도꼭지처럼 눈물이 계속 나오는 경험이었다. 회개도 하나님의 힘에 이끌린 것이었다는 생각이 든다.

하나님이 주신 귀한 목숨을 끊고, 그저 이 악몽 같은 고통에서 벗어나려고만 했던 내 모습이 참으로 부끄러웠다. 눈물과 함께 몇 시간을 기도하면서 성령의 은혜를 체험한 나는 이제 예전의 내가 아니었다.

방금 전까지 죽으려는 생각만 가득했던 마음에 문득 감사함이 충만했고 기뻐할 것도 없는 내게 기쁨이 넘쳤다. 그 어떤 상황도 다 이겨낼 수 있을 것 같은 자신감이 가득 차오르고 있었다.

자정이 다 되어 집으로 들어간 나는 신기하게도 단잠을 잘 수 있었다. 매일 밤 고통으로 꼬박 새우다시피 했던 내게 놀라운 변화였다. 인간적인 노력으로는 결코 불가능한, 성령의 하나님이 주시는 힘이 분명했다. 절망의 밑바닥에서 간절한 기도로 은혜를 덧입고, 고통 대신 새로운 힘과 용기를 얻은 것은 분명 기적이었다. 오직 신앙으로만 풀어낼 수 있는 놀라운 하나님의 은총이었다.

# 사표를 각오한
# 은행 지점장의 결단

　　　　　　　　　　　다음 날 아침, 눈을 뜨자마자 지난
밤의 놀라운 은혜를 떠올리며 하나님 앞에 감사기도를 드렸다. 상황
은 달라진 것이 없는데 스스로도 이해할 수 없는 마음의 평온이 유지
되고 있었다. 이것은 분명 그 어떤 곳으로부터 오는 특별한 힘이 분명
했다. 일생일대의 순간에 나를 평안으로 이끌어 준 그 힘의 원천은 바
로 하나님의 은혜라는 것을 지금도 나는 분명하게 고백한다.

　거래은행을 다시 찾았다. 이미 수없이 거절을 당한 상태였지만 다른
방법이 없었다. 지점장 면회 신청을 한 뒤 지점장실에 단 둘이 마주하
게 되자 나는 무릎을 꿇었다.

　"지점장님, 저 서른여섯 살입니다. 여기서 무너지면 저는 끝입니다. 한
번만 기회를 주세요. 도와주세요. 이대로 부도를 막지 못하면 저에게

는 이제 사업할 기회도 없고 제 삶도 이것으로 끝입니다."

그리고는 마치 방점을 찍듯이 어제 자살을 하려다가 마지막으로 지점장님을 만나러 왔다고 말했다. 얼마나 당황스러웠을까? 은행에서 도와주지 않으면 더는 길이 없다고 호소하는 젊은 사장을 앞에 놓고 곤혹스러운 표정을 짓던 지점장은 한참을 고민하는 듯 눈을 지그시 감고 있다가 자리에서 일어서며 내 손을 잡았다.

"좋습니다. 제가 이 사장님같이 성실한 분을 도와드리지 않으면 어느 분을 도와드리겠습니까? 그동안 사장님 열심히 사업해 오시는 것 옆에서 다 보았습니다. 그러나 이번 대출은 규정상 진행하기 힘든 대출입니다. 차질이 생기면 저도 은행에서 옷을 벗어야 합니다. 제 목이 걸린 대출입니다. 부디 열심히 사업 잘하셔서 제가 이 일로 책임지고 사표 내는 일이 없도록 해주십시오."

부도를 앞둔 회사에 지점장 재량으로 2억 4,000만 원이나 되는 큰 돈을 빌려준다는 것은 불가능에 가까운 일이었다. 지금도 나는 믿는다. 하나님께서 지점장의 마음을 움직여 내게 기회를 만들어 주셨다고. 세월이 흐른 뒤에도 나는 그렇게 역사하신 하나님의 도우심을 믿으며 삶을 이어가고 있다.

그러나 급한 불을 껐다고 해서 모든 일이 다 해결된 것은 아니었다. 나를 믿고 재료를 준 업체들을 하나 하나 찾아다니면서 내가 발행한 어음 결제를 미뤄달라고 부탁했다. 모두들 기다려줄테니 열심히 해보라며 등을 두드려 주었다.

감사의 눈물이 흘러내렸다. 냉혹한 사업 세계에서 아직도 이렇게 훈훈한 정이 남아 있다는 사실에 감사했다. 이 모든 것이 기도의 힘이라 여기며 하나님께 한없이 감사드렸다.

급박한 부도는 면했지만 부도를 유예시킨 것 외에 실제로 달라진 것은 없었다. 빚도 그대로 있었고 2억4,000만 원에 대한 대출이자도 내야 했다. 공장에는 여전히 작업 중단된 기계와 재고만 가득할 뿐이었다.

일부 와이어 컷팅 공장과 열간 스프링 공장만 조금씩 가동되고 있었으므로 이 두 공장을 매각해 은행 이자와 직원 월급을 감당하기로 하고 기존의 사업을 정리해 판매법인을 설립하기로 했다.

와이어 컷팅 기계는 근무하는 직원들에게, 열간 스프링공장은 바로 아래 동생에게 모두 매각했다. 공장 기계 매각을 계기로 기업을 이뤄나간 사람들은 지금 모두 반듯한 회사의 사장님이 되어 있다. 그런 과정을 거쳐 나도 변화할 수 있었으니 돌이켜보면 매우 잘한 결정이었다고 생각한다.

그렇게 구조조정을 하고 다시 사업에 매진하면서 위기를 넘기고 어려움을 극복할 수 있었다. 나를 도와준 지점장을 옷 벗게 만들 수 없다는 사명감으로 더 열심히 일했고 결국 그분의 선택이 옳았다는 것을 입증해 보일 수 있었다.

이렇게 세 번의 위기를 겪으면서 비로소 사업의 세계를 꿰뚫어 보는 안목을 갖게 되었다. 은행이 어떤 곳인지 알게 되었으며 유통구조를 다시 배우게 되었다. 두 번 다시 어음으로 인해 사업의 위기를 겪는 일은 없어야겠다고 생각했다.

나에게는 상처 뿐인 훈장과도 같은 부도수표 33장이 고스란히 남아 있었다. 정확히 2억 4,968만 1,894원이었다. 이 부도수표 때문에 내목숨이 왔다갔다 하고 우리 가족들이 고통의 나락으로 떨어질 뻔했다는 것을 생각하니 가슴이 서늘했다.

### 거안사위 유비무환(居安思危 有備無患)

'편안히 살 때 위태로움을 생각하고, 미리 준비해 두면 근심할 것이 없다' 는 뜻으로 중국의 고서인 좌씨전(左氏傳)에 나오는 말이다. 부도수표 33장을 이 글귀와 함께 표구해서 22년째 항상 눈에 뜨이는 곳에 걸어 두고 있다.

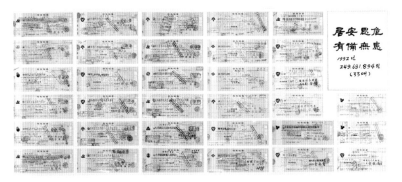

| 22년째 부도수표 액자를 집무실에 걸어 두고 늘 경계로 삼는다.

지금도 사무실에 들어서면 이 글귀와 부도수표가 가장 먼저 보인다. 출근할 때마다 힘들었던 순간을 잊지 않고 새롭게 초심을 새기게 된다. 이 고사성어를 좌우명으로 삼아 안정된 사업을 경영한 것이 오늘의 에스씨엘을 있게 했던 것 같다.

1990년대 초반에 겪은 이 사건을 계기로 나는 사업가로서는 물론이요, 진정한 신앙인으로 다시 태어났다. 하나님께서 어둠 속에 빛을 비춰 길을 열어주셨다는 것을 의심하지 않게 되었고, 이 일을 통해 그동안 나태하고 흐트러졌던 마음을 다시 바로잡게 되었다.

# 고향에 지은
# 이층 양옥집

　　　　　　절체절명의 순간에 간신히 고비를
넘기고 공장을 정리하면서 한숨 돌렸지만 아직 갈 길은 멀고도 막막
한 상황이었다. 그런 와중에 예전부터 부모님께 집을 지어드린다고 약
속했던 시간이 다가오고 있었다.

　아들의 목숨이 왔다 갔다 했던 사건을 알 리 없는 부모님은 2층 양
옥집을 지어 드린다는 내 이야기를 철썩같이 믿고 계셨다. 공장과 기계
를 팔고 새로운 사업 방향을 찾느라 정신없는 상황이었지만 차마 부
모님께 '집을 못 짓겠습니다'라고 입을 뗄 수가 없었다. 할수없이 다
음 해인 1993년, 음력 설에 찾아가 조심스럽게 이야기를 꺼냈다.

　"아버지, 어머니. 식구도 적은데 집을 2층으로 지으면 너무 커서 관리
하기가 어렵지 않을까요? 2층까지 오르내릴 일도 거의 없을 텐데 비워

두면 좋지도 않을 것 같고요. 차라리 1층으로 예쁘게 잘 짓는 게 어떨까요?"

사실 2층 양옥집은 오랫동안 부모님께 약속해 왔던 나의 로망이었다. 부모님이 다시는 돈 걱정 하지 않고 좋은 집에서 번듯하게 지내시는 것, 그것이 나를 피땀 흘려 달리도록 만든 가장 큰 원동력이었다. 그러나 현실은 새 집을 짓기는커녕 있는 집도 팔고 싶을 만큼 어려운 상황이었다.

그때 아버지가 혼잣말처럼 말씀하셨다.

"어허, 동네 사람들한테 2층으로 짓는다고 다 얘기해 놨는데..."

순간 머릿속이 잠시 멍해졌다. 이건 도무지 내가 예상하던 답변이 아니었다. 그러나 아버지의 말씀을 듣는 순간 지금 이 집을 2층으로 짓지 못하면 평생 짓지 못할 거라는 생각이 들었다. 결국 미리 매입해 놓았던 500여 평의 땅에 부모님이 원하시던 2층 양옥집을 지어드렸다. 힘든 시기였고, 적지 않은 비용이 들어갔지만 가능하면 후회가 없도록 최선을 다했다.

드디어 1년 6개월 만인 1994년에 집이 완공되었다. 기쁨은 이루 말할 수 없었다. 이 집은 내게 여러 가지로 의미가 있었다. 고등학교 진학을 못하고 서울로 올라갈 때 한없이 울음을 토해내시던 어머니에게 서울 가서 돈을 많이 벌어 대궐 같은 집을 지어드리겠다고 했던 약속을 드디어 지키게 된 것이다.

사업을 하면서 좋은 순간이 참으로 많았지만 살아오면서 가장 기뻤을 때가 언제인지 묻는다면 단연 부모님의 집을 지어드린 이 날이라고 답할 것이다. 부모님의 꿈을 이루어드렸다는 생각에 단순한 효도 이상의 성취감과 보람이 느껴졌다. 어머니와의 약속을 지키게 된 그 때가 내 인생 최고의 순간이었다.

오랫동안 간직해 온 꿈을 이루었다는 성취감 때문이었을까? 큰 고비를 겪은 후라 어려움이 많았지만 조금씩 사업도 풀려가기 시작했다. 얼핏 생각하면 급하지도 않은 일에 시간과 돈을 쓰는 것이 어리석게 생각될 수도 있겠지만 이상하게도 공사대금을 잘 지급할 수 있도록 모든 일이 순조롭게 이루어졌다. 부모님과 나 자신과의 약속을 잘 지

| 1994년, 고향의 부모님께 지어드린 집

킨 것이 오히려 큰 힘이 되었다는 생각이 든다.

가족 간의 관계뿐만 아니라 어떤 상황에서도 기본적인 약속과 룰을 잘 지킬 때 노력의 댓가가 복리에 복리를 더해 행운처럼 다가온다는 것을 직접 체험할 수 있었다. 1977년 회사를 창업하면서 내걸은 사훈은 신용(信用)이었다. 지금까지도 나는 회사를 운영하면서 신용을 가장 중요하게 생각한다. 철저하게 지켜 온 신용은 위기 때 회사를 구하는 힘을 가지고 있었다.

우리 회사에는 반드시 지키려 노력하는 세 가지 운영 원칙이 있다. 첫째가 직원들의 안전이다. 주로 철을 가공하고 큰 기계를 움직이는 공장에서는 언제든 안전사고의 위험이 내재해 있다. 직원들이 사고로 몸을 다치는 일이 없도록 안전관리를 철저하게 해야 한다.

두 번째는 어떤 일이 있어도 월급날을 지킨다는 것이다. 월급을 제대로 주는 회사가 많지 않았던 시절에도 월급만큼은 어떠한 일이 있어도 제 날짜에 주어야 된다는 원칙을 가지고 일했다. 돈이 모자라면 사채를 빌려서라도 월급만은 제대로 지급되도록 했다.

세 번째로 내가 받을 돈보다 주어야 하는 돈에 더 신경을 썼다. 모든 거래는 신용이다. 그리고 그것으로써 사람이 평가되곤 한다. 만일 불가항력의 상황이 되어 신용을 지키기 어려울 때는 직접 찾아가서 먼저 사과드리고 며칠 더 시간을 달라고 청했다.

이와 같은 원칙을 지키며 내가 한 약속은 반드시 지킨다는 마음의 자세로 열심히 노력했다. 거래처 사람들로부터 이상춘은 믿을 수 있는 사람이라는 신뢰를 얻기 위해서다.

그밖에 사회생활을 통해 갖게 되는 각종 모임에서 꼭 지켜야 하는 원칙이 있다. 바로 회비를 일찍 내는 것과 시간 약속을 철저하게 지키는 것이다. 이 두 가지는 회원들 간에 좋은 관계를 맺고 신뢰를 얻을 수 있는 기본이 된다.

# 오찌아이를 통해 배운
# 일본식 경영

        회사를 분리해서 매각했으므로 이제 새로운 사업 방향을 모색해야 했다. 어차피 부도 사태가 나기 이전에도 그동안 해 온 단순 스프링 생산으로는 한계가 있다는 생각을 해오던 터였다. 어려움과 고난이 본격적인 변화의 계기를 만들어 준 셈이었다.

  제조업도 중요하지만 한편으로는 판매할 수 있는 아이템을 찾고 있던 어느 날 문득 스냅링(Snap ring)이나 이링(E-Ring)같은 체결부품을 수입해서 팔면 좋을 것 같다는 생각이 떠올랐다. 1986년에 기계를 도입하면서 알게 된 가와구찌 상을 만났다. 일본의 유명한 체결부품 제조회사를 소개시켜 달라고 했더니 60년 역사를 가진 일본의 유명한 회사를 알려주겠다고 했다. 오래 전부터 가와구찌 상과 거래 경험이 많았던 오찌아이라는 회사였다.

1987년, 오찌아이와 미팅 약속이 잡혔다. 마침 일본에서 열리는 기계 전시회에 참석도 할 겸 세 명의 직원과 함께 동경으로 출발했다. 오찌아이에 가기 전에 기계전시회에 먼저 들렀는데 한국에서는 구경도 못 했던 선진기술의 놀라운 기계와 장비들이 즐비하게 늘어서 있는 모습을 감탄스러운 마음으로 보고 또 보았다. 높은 품질의 기계들을 보면서 일본이라는 나라를 다시 생각하게 되었다.

아직 한국에서는 이런 수준의 물건들을 만들기 어렵다는 것이 안타까웠다. 우선 좋은 품질의 제품들을 한국에 소개하고 싶다는 생각이

| 1987년 오찌아이 방문차 일본에 가서 기계박람회를 둘러보다.

머릿속에서 떠나지 않았다. 당장이라도 오찌아이 사에 가서 기계요소 체결부품을 수입하겠다고 말하고 싶은 심정이었다.

이튿날 통역을 대동해서 오찌아이 사를 찾아갔다. 사장은 만날 수 없었고 대신 영업부장이라는 명함을 가진 사장의 아들이 귀찮다는 듯한 표정으로 나를 맞이했다.

"반갑습니다. 오찌아이와 거래를 하고 싶어서요. 한국에서 대리점을 열어 이 회사 기계요소 부품을 팔고 싶습니다."

"그동안 우리 회사에 한국 분들이 참 많이 다녀가셨는데 하나같이 약속을 지키지 못하더군요. 한국에 들어가면 연락이 끊겨요. 우리의 기계 정보와 제품 자료만 얻고 사라져 버리는 게 아닌가 싶어요."

많은 한국의 업체들이 거래하자고 말만 해놓고는 약속을 지키지 않았다는 설명이었다. 그러니 나의 상담도 또 그럴 것이 아니냐는 뉘앙스가 느껴졌다. 한국을 무시하는 그의 태도에 은근히 화가 났지만 참을 수밖에 없었다.

그는 정식으로 거래하고 싶으면 500만 엔 L/C를 오픈하라고 말했다. L/C는 은행이 개설하는 신용장으로 거래를 보증해 주는 제도인데 이것부터 개설하라는 것은 수입판매 의지가 있다는 것을 예탁금을 통해 먼저 보여 달라는 의미이기도 했다.

귀국하는 즉시 직원에게 신용장 개설을 지시했다. 약속한대로 바로 L/C를 오픈하자 깜짝 놀란 오찌아이 측의 태도가 완전히 달라졌다. 그때부터 적극적인 태도를 보이며 우리 회사의 신용도를 파악하기 시작했다. 신용장을 개설한 뒤부터 오찌아이는 모든 것을 차근차근 확실하게 짚고 넘어갔다.

여러 절차를 통해 안정된 기반을 조성하는 것이 계약에 앞서 필요한 과정이었다. 진행 과정은 쉽지 않았지만 마침내 오찌아이의 한국 총판 대리점 계약이 체결되었다. 이를 계기로 오찌아이 제품의 수입과 판매를 시작하게 되었다.

이 사업을 계기로 일본에 갈 일이 많아졌다. 당시만 해도 해외출장이 많지 않은 시절이라 낯선 문화에 적응하기가 쉽지 않았지만 횟수가 늘어가면서 음식도 좋아지고 일본 문화에 완전히 적응하게 되었다.

오찌아이 판매 사업은 나에게 아주 잘 맞았다. 기계요소부품에 대해 잘 알고 있을 뿐만 아니라 생산까지 해봤기 때문에 완제품을 갖다 팔기만 하면 되는 이 사업은 공장을 직접 운영하는 것에 비해 훨씬 쉽게 느껴졌다. 오찌아이를 통해 우리 회사는 새로운 영역으로 사업이 확장되는 계기를 맞이하게 되었다. 스프링만 제조하던 회사에서 이제 기계요소부품 수입판매업까지 사업의 분야를 넓히게 된 것이다.

오찌아이 대리점으로 시작했지만 일본 제품 80%에 한국 제품 20% 정도를 함께 판매했다. 아울러 오찌아이와의 거래를 통해 100회 이상 일본을 방문하면서 일본식 경영도 배울 수 있었다. 그들은 원칙적인 부분에서 한 치도 양보하지 않았으며 어떠한 접대도 사양했고, 정직하고 성실하게 독점거래에 대한 신의를 지켜주었다.

오직 매뉴얼대로만 움직이는 그들이 때로는 융통성 없어 보이고 답답할 때도 많았지만, 약속을 어긴 적이 한 번도 없었다는 사실은 크게 배울만한 장점이었다. 그들은 기술에 대한 자부심도 대단했으며 무엇보다 회사 직원들의 탄탄한 조직력은 본받을 만했다.

오찌아이와 손잡은 뒤로 우리 회사는 전국적으로 유통망을 넓혀 갔다. 전국에 대리점을 많이 낼 수 있었던 것은 오찌아이 사의 모델을 벤치마킹한 덕분이었다. 일본 전역에 있는 오찌아이 영업소들을 방문한 뒤 오찌아이 사장에게 한국에도 전국에 대리점을 내겠다고 약속을 했고 그 약속이 지켜진 것이다. 우리의 성과에 오찌아이 측에서도 놀라며 진심으로 축하해 주었다.

| 일본 오찌아이 회장님과 함께

오찌아이 한국총판대리점 사업은 꺼져가는 등불을 다시 밝혀주는 것과 같은 결정적인 역할을 했다. 전국에 있는 대리점 점장들과 함께 힘을 모아 앞만 보고 열심히 뛰었다. 그 결과 몇 년 뒤에는 모든 빚을 다 갚고 신용을 회복할 수 있었다.

이렇게 몇 년간 탄탄대로를 걸으며 안정을 찾아가는 중에 또 다른 문제가 생겼다. 엔화 가치가 배 이상 오르면서 수입가격이 너무 비싸져 일본 제품의 경쟁력이 떨어지게 된 것이다.

고민 끝에 엔고를 타개하기 위한 방안으로 제품을 직접 생산하기로 했다. 인천의 남동공단에 1,000평 규모의 공장을 마련하고 수입제품의 국산화 작업을 시작한 것이다.

수입대체품으로 만든 국내산의 품질이 약간 떨어지긴 했지만 가격 면에서 워낙 경쟁력이 높았기 때문에 우리 부품을 찾는 회사들이 점차 늘어나기 시작했다. 시간이 흐르면서 국내산의 수요는 더욱 늘어났으며 우리 회사의 기술력도 조금씩 높아져 나중에는 우리 제품이 확고하게 시장에서 자리잡게 되었다.

수입에 의존하던 제품을 국내에서 생산하게 됨으로써 외화 유출을 줄이고 국가 경제에 도움이 되었다는 생각에 뿌듯했다. 오찌아이를 통해 배운 기술과 경영으로 에스씨엘은 이제 위기에 흔들리지 않는, 작지만 강한 회사로 성장하고 있었다.

# 24시간 만에
# 이루어진 역사

　　　　　준비된 사람에게는 위기가 커다란 기회라는 말이 있다. 1997년, IMF 사태로 온 나라가 경제 위기 속에 내몰려 있었다. 아무리 잘해도 연쇄도산의 파도에 휩쓸리면 방법이 없었다. 수많은 기업들이 하루아침에 무너지고 있었다. 다행히 과거 I전기를 통해 호된 교훈을 얻었던 나는 그동안 충분히 내성을 기르면서 IMF를 견뎌내는 것은 물론 위기를 기회로 삼아 더욱 도약해 나갈 비전을 세우고 있었다.

　그 무렵, 인천의 남동공단에서 공장을 경영하던 중에 임원급 인재한 사람이 필요해 과거 우리 회사에서 일하던 사람으로부터 추천을 받게 되었다. D정공 이사로 있는 사람인데 회사 부도로 다른 일자리를 찾는 중이라고 했다.

D정공이라면 50년 역사를 가진 회사로서 업계에서는 모르는 사람이 없을 만큼 널리 알려진 곳이었다. 반백년의 역사를 가진 D정공이 부도나서 도산 직전인 상태라고 하니 믿어지지가 않았다. 대기업들이 무너지다 보니 이렇게 오랜 전통에 큰 회사도 속절없이 휘청거리며 줄도산하고 있었다.

직접 만나 보니 실력도 있고 사람도 괜찮아 보여서 함께 일하기로 하고 마침 저녁 시간이 다 되어 함께 식사를 하자고 제안했다. 그러나 면접을 본 D정공 이사는 밥 먹을 시간도 없이 곧바로 회사로 가봐야 한다고 했다. M사에서 D정공에 있는 기계와 금형을 가져간다고 와 있어서 어떻게 될지 몰라 자리를 지켜야 한다는 것이었다.

M사는 현대그룹 계열의 자동차 관련 회사로서 D정공에서 부품을 공급받고 있었다. 그런데 부도로 인해 생산라인이 멈춰서자 제 때 부품을 공급받지 못하게 된 M사에서는 난리가 났다. 당장 다음날부터 부품을 만들어 내지 못하면 자동차 생산라인 전체가 서게 되는 초유의 사태가 벌어진 것이다.

마냥 기다릴 수 없었던 M사는 진작부터 기계와 금형을 가져다가 직접 부품을 만들겠다고 통보했다. 그러나 몇 수일 동안 대책만 논의하고 있을 뿐 실질적인 행동을 할 수가 없었다. 기계를 가져가지 못하도록 노조원들이 지키고 서서 대치 중이었기 때문이다.

당연한 일이었다. 직원들 입장에서는 그동안 밀린 임금도 못 받은 상태에서 비싼 기계마저 빠져나가고 나면 봉급도 못 받고 직장도 잃게 되는데 순순히 기계를 내어줄 리 없었다. 그런 상황이라면 어쩔 수 없겠다 싶어 인사를 하고 헤어지려는데 황급히 사무실을 나서던 이사가 불쑥 물었다.

"사장님도 같이 한번 가보실랍니까?"

공장을 경영하는 사람이라면 가보고 싶은 마음이 드는 것은 당연한 일일 것이다. 마침 소개해 준 사람도 돌아가는 모양이 궁금했는지 함께 가보자고 했다. 그렇게 해서 날도 저물어가는 늦은 시간에 갑자기 세 사람이 D정공으로 출발하게 되었다.

D정공에는 M사의 부품을 만드는 기계가 여덟 대 있었는데 모두 가장 큰 규모의 기계로 대당 3억 원 정도 나가는 고가품이었다. 당시 공장들은 고가의 기계를 대부분 리스로 들여왔다. 리스란 금융회사가 기계를 사들여 공장이나 회사에 대여해 주고, 일정 기간 이자와 원금을 합쳐 매달 돈을 회수하는 렌탈 방식이다. 따라서 원금을 다 갚을 때까지 기계는 리스회사의 소유였다.

D정공의 경우 이미 반 정도의 기계값을 지급한 상태였고 리스회사에서 이를 다시 가져간다고 해도 IMF 사태의 여파로 인해 다른 곳에 되팔기 어려웠다. 뿐만 아니라 문을 닫는 공장들이 워낙 많았던 탓에 리스회사 입장에서도 엄청나게 손이 많이 가는 이 기계들을 떼어 갈 입장이 못 되었다. 외환위기 때 기계를 취급하던 리스사 대부분이 망해서 문을 닫은 것은 바로 이런 이유에서다.

회사 측에서는 기계를 매각한 뒤 리스 회사에 대금의 일부를 주고 조금이라도 돈을 건지는 방법밖에 없었지만 밀린 임금을 다 받기 전까지는 누구한테도 금형과 기계를 내놓을 수 없다는 노조의 입장과 팽팽하게 맞물려 도무지 해결 방법이 보이지 않고 있었다.

당시 D정공에서는 자동으로 철판을 뚫고 구부리고 자르고 가공할 수 있는 일본제 멀티포밍기를 사용하고 있었는데, 8톤짜리 작은 것에서 60톤짜리 큰 것에 이르기까지 규모가 다양했다. 이 기계는 크고 작은 부품 제작에 필수적인 기계였다. 우리도 이 기계를 사용해 제품을 생산하고 있었다.

규모는 우리보다 훨씬 컸지만 같은 기계를 사용해서 그랬을까? 도착해서 둘러보니 번듯하게 잘 구비된 공장이 한눈에 확 들어왔다. 왠지 모르게 낯설지가 않고 편안하게 느껴지면서 복잡하게 얽힌 이 사태를 내가 잘 해결할 수 있을 것만 같은 생각이 들었다. 곧바로 이사에게 사장님을 좀 만나게 해 달라고 부탁했다.

잘 굴러가던 그 큰 회사가 도산한데다 급여를 못 준 죄로 자식 같은 직원들에게 험한 소리마저 듣게 된 사장은 이미 정신이 반쯤 나가 보였다. 손을 덜덜 떨면서 앉아 있는 모습을 보니 나 또한 죽음 직전까지 갔던 사람으로서 그 고통이 생생하게 느껴지는 듯했다. 그런 와중에도 회사의 도산으로 인해 제 때 부품을 공급받지 못하게 될 M사 걱정까지 하고 있었으니 그는 과연 큰 경영자였다.

모든 상황을 파악한 나는 기계와 금형을 인수해서 M사의 부품을 차질 없이 납품되도록 할테니 나에게 기회를 달라고 말했다. 그러나 이미 이 회사의 전무가 기계 등을 인수하겠노라고 말해 놓은 상태였다. M사도, 그 전무도 기계를 인수하려 하고는 있었지만 사실상 노조와의 대치로 이도 저도 못하는 상황이었다.

사실 답답하기로 말하면 D정공 사장만큼 궁지에 몰린 사람도 없었다. 집이며 차까지 돈이 될 만한 것들을 모두 압류 당한 그는 당장 주머니에 몇 푼도 없어서 끼니를 걱정해야 할 형편이었던 것이다. 생각 끝에 내가 합의를 볼 테니 전무를 만나게 해달라고 했다. 그리고 만일 기계 문제를 해결하게 된다면 최소한 사장님이 길거리에 나앉는 일이 없도록 돕겠다고 말했다.

다음 날 아침 8시 반에 광화문 리스회사가 있는 건물 커피샵에서 사장과 전무 세 명을 만나기로 했다. 나는 일찌감치 7시 반부터 나가서 기다렸다. 8시쯤 D정공 사장이 도착한 뒤에도 전무는 한참동안 나타나지 않았다. 결국 9시가 넘도록 기다리던 사장과 나, 둘이 리스회사로 올라갔다.

당장 한시가 급한 M사 부품을 공급하기 위해서는 기계 두 대가 필요했다. 리스회사 입장에서는 누가 됐든 기계값을 많이 주고 사가면 좋은 일이었으나 문제는 노조와의 갈등이었다.

노조의 입장이 있으니 어느 정도 그들이 요구하는 임금의 일부라도 지불해야 한다고 설득하고 당일로 기계를 빼주는 조건으로 매수계약을 체결하기로 했다.

이야기를 풀어가고 있는데 뒤늦게 전무가 나타났다. 리스회사에서는 최대한 대금을 빨리 결제해 주는 곳에 기계를 팔겠다며 나와 전무를 쳐다봤다. 결제금액은 2억 5,000만 원이었는데 나는 당장에라도 결제할 수 있는 자금을 미리 대기시켜 놓은 상태였다. 같은 조건이라면 우선권은 전무에게 있었다. 자금이 마련되지 않았던 전무는 다행히도 내가 기계를 인수하는 데 찬성해 주었다.

# 100배 도약의
# 발판을 마련하다

1992년도에 연쇄부도 사태를 넘긴 뒤부터 철저하게 위기관리를 해 온 우리 회사는 IMF 외환위기를 대비해 중소기업 특별자금 4억 5천만 원을 대출받아 놓은 상태였다. 이 비상경영자금으로 기계대금을 지급하고 그 돈의 일부를 노조에 주어 기계를 이전받을 수 있었다.

노조 입장에서도 마냥 대치만 하고 있으니 일부라도 먼저 받는 편이 나았을 것이다. 그러나 기계만 가져온다고 해서 다 된 것이 아니었다. 금형이 있어야 했다. 노조에서는 금형값을 따로 내지 않으면 넘겨줄 수 없다고 했다. 나는 금형값을 낼 테니 부품을 생산할 수 있는 기술자가 함께 가서 다음날 아침까지 M사의 부품을 제작해 주는 조건으로 계약을 했다.

D정공에 첫 발을 딛은 지 정확히 24시간 만에 이루어진 일이었다. 극적으로 타협이 이루어져 그 곳에 있는 기계를 옮겨 남동공단에 있는 우리 공장에 설치했다. 그날 밤을 꼬박 새면서 기계에서 만들어진 부품은 신속하게 M사로 옮겨졌고 몇 시간만 늦어졌어도 생산라인 전체가 가동 중단될 뻔했던 초유의 사태를 간신히 막아낼 수 있었다.

그 때의 감동을 어떤 말로 표현해야 할까. M사에서 몇 주일 넘게 해결하려 해도 안됐던 것을 갑자기 나타난 내가 24시간 만에 해결하게 된 것은 우연이나 능력의 결과가 아니었다는 생각이 든다. 이 일이 있은 후 M사로부터 공을 인정 받아 주요 협력업체로 등록되었으며 가장 많은 물량을 납품하는 회사가 되었다. 도무지 풀리지 않을 것 같은 상황에서도 최선을 다하면 돌파구가 생긴다는 사업의 진리를 또 하나 터득하게 된 경험이었다.

사실 D정공 기계 2대를 인수하고 M사의 협력업체가 된 것만도 나에게는 커다란 행운이었다. 그런데 이것은 더욱 큰 변화를 위한 서막에 불과했다. 마치 번데기가 나비가 되듯이, 지금까지와는 완전히 차원이 다른 거대한 비전의 사업을 펼칠 수 있는 더욱 큰 기회가 나를 기다리고 있었다.

우리 회사에 면접 보러 왔다가 갑자기 복잡하게 얽힌 문제 해결 과정을 지켜보게 된 이사가 D정공 전체를 인수하면 어떻겠느냐는 제안을 했다. 비록 도산하긴 했지만 그 오랜 역사와 규모로 인해 경매가조차 수십 억에 이르는 D정공인지라 언감생심, 인수하고 싶은 마음은 굴뚝같았지만 현실은 꿈도 꾸기 어려웠다.

그럼에도, 어쩌면 그 회사에 첫발을 디딘 순간부터 D정공은 이미 내 마음속에 꿈쩍 않고 자리하고 있었다. 내 손을 탔으니 이제 내가 맡아야 하는 회사였다. 계산하지 않고 무모하게 그냥 저질렀다. 경매 낙찰을 받아버린 것이다.

알다시피 경매 물건이 1차에서 낙찰되는 경우는 거의 없다. 더구나 덩치 큰 건물이나 공장의 경우 낙찰자가 한정적이어서 2차에서도 유찰되는 일이 보통이다. 심하면 3차까지 가서도 낙찰자가 없는 경우가 심심치 않게 발생한다. 문제는 서로 눈치게임을 하다 보면 3차에 가서 2차 때보다 더 큰 금액으로 낙찰 받아야 하는 경우도 있다는 점이다.

어차피 내가 품을 거라면 소탐대실하는 잘못을 범하고 싶지 않았다. 그래서 2차 경매에서 D정공의 제1공장인 안산공장을 낙찰 받았다. 1998년의 일이었다.

낙찰의 기쁨은 컸다. 그러나 문제는 그 다음이었다. 20억이 넘는 잔금을 어디에서 마련할 것인가? 아무리 생각해도 자금을 마련할 곳이 없었다. 자나깨나 잔금 생각, 잠자리에 들 때도, 일어나서도 내 머릿속에는 잔금을 어떻게 마련해야 할지 그 생각밖에 없었다.

그러던 어느 날, 택시를 타고 모처를 방문하러 가는 중에 라디오에서 뉴스가 흘러나왔다. 평소 같으면 시끄러운 바깥 소리들과 한데 섞여 한 귀로 흘러들었을 일이었다. 그런데 이상하게도 그날은 아나운서의 목소리가 또렷하게 들려왔다. 경매로 넘어간 사업체를 인수하는 사람에게는 경매보증금 10%만 내면 잔금 90%를 국가에서 대출지원해 준다는 내용이었다.

수십 년이 지난 지금도 그 때의 아나운서 목소리가 들리는 듯하다. 잔금 걱정이 어이없을 정도로 단번에 해결된 것이다. IMF 사태로 인해 넘어지는 사업체들이 하도 많으니까 국가에서 임시방편으로 그런 정책을 내놨던 것 같다.

이 정책은 나에게 날개를 달아준 것과 같은 역할을 했다. 안산공장을 인수 받고 2년 뒤인 2000년, 당진에 있는 D정공의 제2공장도 경매에 부쳐졌다. 잔금 걱정을 하지 않아도 되었으므로 자신있게 경매에 참가했다. 이미 제1공장을 인수한 터라 나머지도 내가 인수하여 회사를 정상화시키고 시너지 효과를 극대화해야 한다는 것이 기정사실로 되어 있었다.

바로 이런 상황에서, 많은 사람들이 생각지도 못한 어려움에 부딪치게 된다. 모든 일이 순조롭게 잘 풀려나갈 때, 이제 고지가 저기 있다고 안심하며 한숨 돌릴 때 암초에 걸려 넘어지는 것이다. 나에게도 전혀 생각지도 못하던 암초가 기다리고 있었다. 그와 동시에 상상도 못하던 도움의 손길이 나타나 어려움을 피하게 해주었으니 돌이켜 보면 아찔하고도 믿어지지 않는 행운이었다.

제2공장은 두 개로 나뉘어 있었는데 각각 경매 날짜가 달랐다. 조금 큰 공장이 먼저 진행되었는데 모든 사람들의 예상대로 무난하게 내가 낙찰을 받았다. 이제 작은 공장 하나만 남은 상태였다. 규모가 작은 만큼 금액도 얼마 되지 않아서 크게 신경쓰지도 않았고 시간이 지나면 자연히 내가 인수하게 된다고 생각하고 있었다.

마침내 경매날짜가 다가왔다. 이 건만 성사되면 D정공의 제1, 제2공장 인수가 완전하게 마무리되는 것이다. 담담하게 차를 몰아 법원으로 가고 있는데 낯선 사람에게서 전화가 걸려왔다.

"이상춘 사장님이십니까? 지금 경매 입찰하러 가는 길이시죠?"

"네? 누구신데, 그걸 어떻게 아세요?"

"사장님은 저를 모르시겠지만 저는 사장님을 잘 알고 있는 사람입니다."

이런 전화를 받으면 아마 누구든지 당황스러울 것이다. 더구나 경매 입찰은 가까운 사람들에게도 알리지 않고 조용히 처리하는 것이 상식이었다. 아마도 내가 그 공장을 인수하리라는 것을 알고 있는 사람 같았다. 재차 누구냐고 물었지만 그는 내 질문에는 대답하지 않고 할 말만 이어갔다.

"오늘 사장님 외에도 낙찰 받으려는 사람이 있을 겁니다."

그 말을 듣는 순간 갑자기 뒷통수를 맞은 것 같았다. 기업들이 줄도산하는 이 어려운 외환위기 상황에 당진 구석에 있는 작은 부속 공장을, 더구나 본 공장이 다른 데로 넘어간 상황에서 낙찰받으려는 사람이 있을 리 만무였다. 만일 정말로 그 곳을 인수하려는 사람이 있다면 공장을 운영하겠다는 마음은 아닐 터였다. 말하자면 '알박기'로 삼아 나에게 훨씬 높은 가격에 재매도하겠다는 심산이 아니겠는가.

전화를 한 사람이 누구였는지도 모르고, 그의 말이 사실이라는 보장도 없었지만 짧은 순간 결단을 내려야만 했다. 즉시 회사에 전화해서 돈을 더 마련하도록 지시했다. 입찰가를 올려야겠다고 판단했던 것이다. 과연 나중에 낙찰 결과를 보고 나니 가슴이 철렁했다. 실제로 경매에 나선 사람이 있었고 금액을 올리지 않았다면 떨어질 뻔 했던 것이다.

지금도 가끔 그때 전화를 건 사람이 누구였을까 생각해 본다. D정공이 기계와 공장만 잃었던 게 아니라 무엇보다 사람을 잃은 것은 아니었을까? 그때의 일을 떠올릴 때마다 나는 모든 행복과 재앙이 사람을 통해서 온다는 것, 무엇보다 사람을 가장 소중하고 귀하게 대접해야 한다는 당연한 가르침을 되새기곤 한다.

직원을 구하다가 우연히 방문하게 되었던 D정공은 기계값을 비롯한 공장 자체의 값어치는 물론이거니와 50년간 쌓인 노하우와 고급 거래처까지 생각하면 내가 지불한 돈의 수십 배에 달하는 가치를 가진 곳이었다.

다행히도 내 이익의 극대화를 목표로 삼지 않았던 것이 오히려 D정공을 인수하게 된 밑바탕이 되었다는 생각이 든다. D정공 사장에게 부족하나마 살 수 있는 길을 열어드리고자 노력했던 것, 그 곳 직원들을 정리하지 않고 함께 가려 했던 마음이 보답을 받은 것은 아니었을까. 어쩌면 죽음 앞에서 100억대 장학재단을 만들겠다고 약속한 것을 얼른 지키라고 기회를 주셨는지도 모를 일이다.

거래를 할 때 사람들은 대개 자신의 최대 이익을 전제로 해서 상대와 거래하게 된다. 만족스러울 만큼 내 몫을 충분히 챙길 수 있는 거래를 목표로 삼는 것이다. 그러나 내 이익의 극대화를 목표로 삼는 거래는 장기적으로 바람직하지 않다. 때로는 조금 손해를 보더라도 그로 인해 상대가 받을 이익을 못마땅해 할 것이 아니라 잘 되도록 돕고 협력함으로써 나중에 나 역시 그에게 도움을 받게 된다는 것을 경험으로 알게 되었다.

독불장군은 성공할 수 없다. 공생(共生)의 관계를 중요한 가치관으로 삼을 때 사업 파트너와 신뢰를 형성하고 좋은 관계를 이룰 수 있다. 그 힘이 밑바탕이 되어야만 공생관계로 서로 이익을 주며 사업을 잘 해나갈 수 있다. 남의 도움만 기대하며 도움을 줄 줄 모르는 일방적인 관계는 어디서나 환영받지 못할 뿐만 아니라 오래 갈 수도 없다.

D정공을 인수하고 M사와 좋은 협력 관계로 발전하는 과정을 통해 우리 회사는 또 한 차례 약진의 발판을 마련할 수 있었으며 공존공생의 중요성을 깨닫는 계기가 되었다.

# 중국에 진출하다

2004년 5월, 우리 회사가 글로벌기업으로 성장하기 위해서는 중국에 진출해야 한다는 데 뜻을 모았다. 지속적으로 좋은 관계를 유지해 온 M사의 권유로 중국에 동반진출하기로 한 것이다. 현대자동차가 북경에 공장을 설립하게 되면서 자동차부품을 공급하는 M사와 우리 또한 중국에 공장을 지어 납품하는 것이 좋겠다고 판단했기 때문이다.

안정적인 거래처와 함께 진출하는 것이라 큰 어려움이 없으리라 생각했던 것과는 달리 시작부터 힘든 일이 많았다. 중국에는 기업들에게 관세나 수출입 면에서 혜택을 주는 보세구가 있다. 항구도시 천진의 보세구에 5,000여 평의 부지를 마련해 2,500평의 대규모 공장을 짓기로 했다.

그런데 우리가 천진 보세구에 진출하는 1호 기업이다보니 기반시설이 갖춰지지 않은 상태에서 공사를 시작하게 되었다. 공장이 들어갈 부지는 갈대가 무성한 매립지였으며 도로도 제대로 되어 있지 않았다. 그래도 무조건 공장을 지어야 했다. 현대자동차 북경공장에서 출시될 신차 부품을 차질 없이 납품해야 했기 때문이다.

공사 시작부터 기계를 싣고 들어가던 차가 뻘밭에 빠지는 등 문제가 터지기 시작했다. 차에서 떨어진 기계가 진흙에 범벅이 되어 못쓰게 된 경우도 있었다.

환경적인 어려움만 있는 게 아니었다. 보세구 관리공단에서는 자신들이 추천하는 업체에 전기 공사를 맡기지 않았다는 이유로 전기 공급에 차질을 빚게 했다. 다른 업체보다 두 배나 비싸길래 좀 더 저렴한 곳에 맡긴 것이 화근이었다.

전기를 비롯한 각종 문제들을 해결하기 위해 말도 제대로 통하지 않는 곳에서 얼마나 고생했는지 지금도 기억이 생생하다. 이러다간 제대로 공장을 지을 수 있을지도 의문이었다. 다행히도 이리 뛰고 저리 뛰면서 노력한 끝에 공장을 완공하고 신차 출시에 맞춰 제대로 납품할 수 있었다.

공장을 경영하는 과정에서도 현지에서 채용한 사람들이 불법적으로 한국 비자를 발급받기 위한 목적으로 우리 회사를 이용하는 바람에 큰 피해를 입기도 했다. 이처럼 중국이라는 시장에 적응하기 위해 비싼 수업료를 지불해야 했지만 지금은 없어서는 안 될 중요한 전진기지가 되었다.

많은 한국의 기업들이 중국에 진출했다가 실패하는 경우가 많은데 이는 현지 사정을 정확하게 파악하지 못하고 급하게 투자부터 결정한 결과라고 생각한다. 인적, 물적 자원과 자금력이 탄탄하지 못하면 국제 경쟁에서 순식간에 허물어지는 것이 현실이다.

이는 사업뿐만 아니라 신앙에도 똑같이 적용된다. 평소 기도와 말씀으로 무장하지 않으면 어려운 난관을 만났을 때 순식간에 신앙이 허물어지는 것과 비슷하다고 할 수 있다. 나는 무슨 일이든 결정의 순간이 왔을 때, 하나님께 지혜를 달라고 기도한다. 그런 뒤 마음속에 결정이 내려지면 바로 실행에 옮겼다. 머뭇거림이 없었다.

그동안 공장 부지를 살 때나, 관련 건물과 토지 등을 매입할 때마다 투자 결정의 판단이 서면 그날로 계약하고 바로 진행을 시작했다. 놀라운 것은 거의 실패를 보지 않았다는 점이다. 하나님께서 지키고 인도해 주신다는 믿음은 내가 성심껏 적극적으로 일하게 하는 힘의 근거가 되었다. 그것을 위해서 지금도 나는 더 큰 열정을 품는다. 주님이 원하시는 일에 더욱 매진하게 되는 이유가 바로 여기에 있다.

# 3장

## 선을
## 이루게 하시다

사람들이 그들의 가장 바람직한 모습이 될 수 있도록 도와주어라.
그리고 그들이 가장 바람직한 모습이 된 것처럼 대하라.
| 괴테 |

내가 진실로 너희에게 이르노니, 너희가 여기 내 형제 중에
지극히 작은 자 하나에게 한 것이 곧 내게 한 것이니라.
| 마태복음 25장 40절 |

# 내 삶의 귀한 선물,
# 두 아들

인생을 살아가면서 내가 받은 가
장 큰 선물은 아마도 두 아들이 아닐까 싶다. 어려서부터 큰 문제 없
이 자라나 지금은 둘 다 결혼해서 행복한 가정을 꾸리고 있다. 좋은
배우자를 만나 사랑과 신뢰로 사는 것이 최고의 행복임을 강조했는데
말 그대로 되어 늘 감사하고 있다.

큰아들은 조용한 성격에 전형적인 모범생으로 자신의 일을 잘 찾아
서 하는, 잔소리가 필요 없는 아이였다. 공부도 곧잘 하는 편이어서
고교 시절에는 전교 1등을 하기도 했다. 신앙생활도 열심히 해서 나와
아내를 기쁘게 해주었다.

사업하는 사람들은 대개 장남이 사업을 이어주길 바라는 경우가 많
은데 그와 달리 나는 아들에게 일을 물려받게 하고 싶지 않았다. 사업

하면서 겪었던 온갖 어려움과 고통을 아들까지 겪게 하고 싶지 않았던 것이다. 한편으로는 큰 어려움 없이 자란 아들이 이 서바이벌 게임 같은 경쟁의 현장에서 잘 버틸 수 있을지 걱정되기도 했다.

아들에게 권유한 직업은 의사였다. 의사는 안정된 수입도 보장되면서 동시에 봉사도 할 수 있는 아주 좋은 직업이라 생각했기 때문이었다. 성격이 차분한 아들에게는 한의사가 더 적성에 맞을 것 같았다.

충고를 받아들인 아들은 한의대에 지원했다. 그러나 당시 외환위기의 여파로 안정된 직업을 추구하는 사회 분위기와 맞물려 한의대 경쟁률이 치솟으면서 예상했던 것과 달리 불합격의 쓴맛을 보아야 했다.

다음 해 다시 한번 도전했지만 돌아가는 정황으로 보아 아무래도 한의사는 아들의 길이 아닌 것 같았다. 결국 한양공대에 진학한 아들에게 사업을 이어가도록 했다. 아들을 통해서 인생이란 실력과 의지만으로 되는 것이 아님을 깨닫게 되었다.

군 제대 후에 미국 보스턴에서 경제학을 공부한 아들은 그곳 보스턴 장로교회에서 참한 아가씨를 만나 결혼하게 되었다. 성실한 아내이자 지혜로운 엄마 역할을 잘 해내고 있는 큰며느리는 시부모와 10여 년을 함께 살아 온 효부이기도 하다. 이처럼 사랑이 충만한 며느리를 맞이하게 된 것은 참으로 축복이 아닐 수 없다.

큰아들의 결혼식 주례는 중국 선교를 하는 목사님이 맡아 주셨다. 평소 그 목사님의 말씀과 뜻을 자주 전해들었던 아들은 결혼을 하면서 중국에 교회를 건립하고 싶다는 의견을 내놓았다. 기특하다는 생

| 아내와 장성한 자녀들과 함께

각에 부족한 부분을 도와서 뜻을 이루도록 했다.

결혼 후 맏아들 부부는 두 손자를 선물로 안겨 주었고, 현재 우리 회사의 전무로 근무하면서 경영 수업을 받고 있다. 한번은 며느리가 참 신기하다면서 이야기를 꺼냈는데 결혼 전에 할머니와 함께 남편이 갖추어야 할 열 가지 조건을 놓고 오랜 기간 기도했었다고 한다. 할머니는 여전도사로서 평생을 목회자로 사신 분이었다. 그런데 이렇게 기도한 열 가지 항목에 우리 아들이 모두 해당되었다는 이야기였다.

'기도는 응답이다'라는 말이 있다. '기도하는 순간 이미 그 기도는 응답 받은 것'이라는 뜻이다. 실제로 하나님께서 우리의 기도를 듣고 있으며 매 순간 움직이고 계신다는 것을 알려주는 말씀이다. 기도가 얼마나 중요한지를 새삼 느끼게 된다.

맏아들과 두 살 터울인 둘째 아들은 캐나다에서 유학을 마치고 돌아와 회사에서 배우자를 만났다. 사내 커플인 두 사람은 지방의 영업소를 맡아 성실하게 일을 배우고 있는데 금실 좋게 잘살고 있는 모습이 참으로 보기 좋다. 특히 둘째 며느리는 화내는 모습을 볼 수 없고 언제나 밝게 웃고 있어서 더욱 예뻐보인다.

요즘은 결혼이 필수 아닌 선택의 시대라며 비혼(非婚)을 주장하는 사람들이 있지만 부모 입장에서는 자녀들이 제 짝을 만나 잘살기를 바라게 된다. 적당한 때에 두 아들 모두 좋은 배필을 만나 부모로서는 고마울 따름이다.

틈 날 때마다 두 아들에게 상록수장학재단의 일에 관심을 갖고 도울 것을 권하고 있다. 제 때 공부하지 못했던 안타까움으로 세워진 이 장학재단이 앞으로도 잘 운영되고 발전하려면 아들들이 관심을 두고 재단의 숭고한 뜻과 정체성이 잘 이어지도록 도와야 하기 때문이다.

간혹 두 아들을 잘 키워 출가시키고 일도 함께 하고 있으니 얼마나 좋으냐면서 비결이 뭐냐고 묻는 사람들이 있다. 사실 나는 사업에 바빠 아이들의 교육에 세심하게 신경쓰지 못했다. 자녀교육은 모두 아내의 몫이었다고 해도 과언이 아니다. 다만 내가 중요하게 생각한 것이 있다면 아이들이 공부를 잘하고 뛰어난 자질을 개발하도록 독려하는 것도 좋지만 부모로서 좋은 본을 보이기 위해 노력했다는 점이다.

자식은 나의 유전자를 물려받은 또 다른 나의 모습이다. 그런 한편으로 내가 낳았으면서도 내 소유물이라고 할 수 없다. 부모는 자녀를 건강하게 키우고 잘 교육해서 사회의 구성원으로 바르게 살아갈 수 있도록 격려하고 도울 뿐이다. 추천하고 조언할 수는 있어도 부모가 원하는 방향대로 강요해서는 안 된다고 생각한다.

자녀를 키우면서 제일 안 좋은 것은 다른 아이들과 비교하는 일일 것이다. 아이들뿐만 아니라 성인들에게도 비교는 최악의 취미다. 만일 아내가 옆집 남편과 비교하면서 잘하라고 말한다면 과연 긍정적으로 받아들여 노력하는 사람이 몇이나 될까? 하물며 자녀들이 잘되기를 바란다면 어떤 경우에도 비교하는 말은 하지 말아야 할 것 같다. 공부를 못하더라도 반드시 다른 방면에 타고난 재능이 있으므로 자녀가 잘할 수 있는 일을 찾아 격려하는 편이 훨씬 효율적일 것이다.

간혹 부모가 못한 일을 자녀를 통해 보상받고자 하는 경우를 보게 된다. 내가 못하는 것을 자식에게 요구하는 것은 모순이다. 또한 과거에 부모들이 살아온 환경과 여건이 지금과는 전혀 다른데도 불구하고 예전에는 어땠다면서 비교해 봤자 이질감과 거리감만 안겨줄 뿐이다. 모든 것들이 하루가 다르게 변화하는 세상이지만 올곧은 정신과 가치를 보여줄 수 있는 부모가 되기 위해 노력하고 있다.

# 평생의 반려자,
# 이금순 권사

스물 네 살의 총각 사장으로 정신 없이 일에 치여 살 때였다. 젊은 나이에 20여 명이나 되는 직원들과 함께 열심히 공장을 운영하는 모습이 좋아보였는지 주위에서 "젊은 친구가 대단하다"는 말을 하기도 했다.

그중 한 거래처 사장의 부인이 참한 사촌 여동생이 있다면서 선을 한번 보면 어떻겠느냐고 제의해 왔다. 그동안 거래하면서 유심히 살펴봤는데 건실하게 사는 모습이 좋아보였다는 것이다.

어린 나이부터 고향을 떠나 혼자 공장을 운영하다 보니 힘을 합쳐 삶을 함께 나눌 사람이 필요하다는 생각이 들었다. 그 무렵 공장 직원들의 밥을 해주기 위해 고향에서 여동생이 올라와 있었는데 혼자 감당하기에는 힘에 부쳐 함께 도울 사람이 필요하기도 했다. 이런 저

| 결혼 전, 아내와 데이트 하면서

런 생각 끝에 선을 보겠다고 답했고 이때 만난 처녀가 지금의 아내다.

첫 만남의 장소는 호텔 커피숍이나 식당이 아닌, 신붓감을 소개해 준 사모님 자택이었다. 남색 재킷에 흰 블라우스를 입은 아내를 처음 만나는 순간 너무나 예뻐서 첫눈에 반하고 말았다. 공장에서 투박한 남자들과 더불어 거친 일만 하며 살았으니 어떠했겠는가. 눈이 예쁘고 피부가 고운 그녀가 그저 선녀처럼 보일 뿐이었다.

이성 교제를 해본 경험도 거의 없이 그저 일만 해온 나에게 여성과의 만남은 가슴을 쿵쾅거리게 하기에 충분했다. 나는 새로운 세계에 첫발을 내디딘 기분으로 그녀를 만났다. 우리는 공장이 있던 대림동의 다방에서 주로 데이트를 했는데 남들처럼 여유롭게 만나 영화도 보고 놀이동산도 가는 것이 아니라 차 마시고 대화하는 것이 전부였다. 공장을 운영하다보면 가끔씩 주일에도 일해야 할 만큼 바빠서 충분한 시간을 내기 어려웠다. 아내도 직장생활을 하고 있어서 시간이 부족하긴 마찬가지였다.

그렇게 1년 가까이 데이트를 하다가 서로 결혼 이야기가 오가게 되어 충남 서산이 고향인 아내의 친정을 찾아 인사를 드리고 결혼 승낙을 받았다. 1979년, 영등포 로터리에 있던 중앙예식장에서 결혼식을 올렸다. 주례는 교회에서 많은 가르침을 주셨던 윤병조 목사님이 맡아 주셨다.

아내는 얌전하고 말이 없는, 조용한 성격이었다. 그래서인지 몰라도 경상도 남자 특유의 무뚝뚝한 면을 잘 받아주었다. 무엇보다 내가 하는 일이 마음에 들지 않아도 이의를 제기하거나 바가지를 긁는 일이 거의 없었다. 언제나 신앙생활을 함께 하면서 늘 남편과 자녀를 위해 기도하고, 뒷바라지에 최선을 다할 뿐이었다. 무엇보다 부모님을 잘 섬기며 효도하는 착한 아내였다.

결혼 당시 나는 연립주택도 한 채 갖고 있었고 자가용도 몰고 다니면서 외형적으로는 성공한 청년 실업가의 모습을 하고 있었다. 그러나 겉모양만 그럴 듯 했지 실속은 별로 없었다. 아내 입장에서는 기나긴 고생길로 첫 발을 내디딘 셈이었다.

세상사는 겉과 속이 다른 것들이 너무나 많다. 집이든 회사든 겉으로 보기엔 허술해도 안에 들어가면 아주 실속 있고 탄탄한 경우가 있다. 반면 밖에서 볼 때는 거창하지만 막상 그 속을 들여다보면 실망스러운 경우도 많다. 아내 입장에서는 나와의 결혼이 그랬을 것이다. 외형적으로는 사장의 아내가 되는 것이었지만 실제로는 결혼하자마자 바로 공장 직원들의 식사를 책임지는 식당 아줌마가 되어야 했으니.

이후에도 아내는 회사가 어렵거나 자금이 안 돌아갈 때면 어떻게든 돈을 아껴 나를 도우려 애썼고, 조금이라도 저렴하게 부식을 마련하기 위해 아이를 들쳐 업고 먼 시장까지 한참을 걸어다녔다. 다섯 시 이후에 시장에 가면 싸게 살 수 있다며 임신한 몸에 큰아들을 업고 힘들게 시장에 다녀오던 모습이 아직도 눈에 선하다.

자금줄이 꽉 막히면 부식비조차 주지 못할 정도로 어려울 때도 있었다. 그러면 아내는 꼬깃꼬깃 모아 두었던 비상금을 털어 직원들 식사를 준비하곤 했다. 모처럼 쉬는 일요일이 되면 나는 피곤하다는 핑계로 아이와 놀아주지도 않고 집에서 잠만 잤다. 지금 생각해 봐도 참으로 멋없는 남편이었다.

회사가 성장해 온 바탕에는 이런 아내의 헌신이 큰 힘이 되었다는 것을 너무나도 잘 알고 있다. 아내는 내가 하는 사업에 그 어떤 문제를 제기하거나 불평하는 일 없이 올곧게 나를 믿어주었다. 결코 쉬운 일이 아니었음을 알기에 깊이 감사하는 마음이다. 아무래도 나에게 가장 최고의 수익을 준 것은 사업이 아닌 결혼이었던 것 같다.

# 소중한 가족

　　　　　　　　　　　　　　　　가난한 농가의 6남매 중 장남으로
일찍 자수성가할 수 있었던 데에는 무엇보다 부모님과 동생들의 도움
이 컸다. 제일 먼저 서울로 올라와 일을 돕기 시작한 것은 바로 밑의
남동생이었다. 곧이어 그 밑의 여동생이 와서 직원들의 식사를 맡아 큰
고민을 덜어주었다. 나중에 회사가 더 커졌을 때는 누님이 아예 공장
식당을 맡아 도움을 주셨다.

　바로 밑의 동생은 우리 회사 최대의 위기로 구조조정을 해야 했을
때 열간 스프링 공장을 인수해 독립한 뒤 잘 운영하고 있다. 막내 동
생도 일본 유학을 마치고 중국 공장을 맡아서 나를 돕고 있다. 이처
럼 에스씨엘은 온 가족의 노력과 땀이 모여서 만들어진 회사다.

　나 또한 장남으로서 우리 6남매가 우애 있게 지낼 수 있도록 나름

대로 최선을 다해 왔다. 부모님이 살아 계실 땐 온 남매가 종종 시골 집에 모여 화목하게 시간을 보냈다. 이처럼 우리 집안이 큰 갈등 없이 잘 지내온 것은 모두 부모님 덕분이라고 생각한다.

부모님께서는 우리 남매들 하나하나를 다 귀하게 여기고 세워 주셨을 뿐 아니라 어떤 상황에서도 문제가 생기지 않도록 관계 정리를 잘 해주셨다. 장남인 내게 힘을 실어 주시고 혹여 동생들과 갈등이 있더라도 중간에서 잘 이해할 수 있도록 조정해 주셨다.

사실 적지 않은 재산을 출연해 장학재단을 만들었을 때 아무와도 상의하지 않고 일방적으로 발표했었다. 어쩌면 부모님과 동생들 입장

| 행사에 참석하신 어머니와 기념 케익을 자르면서

에서는 상당히 서운한 결정이었을 수도 있다. 그러나 결국 동생들의 이해와 협조로 반듯하게 진행할 수 있었다.

가족의 화목에 대해서는 부모님 다음으로 아내에게 공을 돌리고 싶다. 시동생 네 명을 모두 결혼시키며 집안의 대소사에 팔을 걷고 나섰던 아내는 동생들이 '제2의 부모'라고 부를 만큼 가족들을 위해 최선을 다했다. 어떠한 어려운 상황에서도 묵묵히 내조를 잘해 준 덕분에 사업도 번창할 수 있었다고 생각한다.

부모님이 기뻐하실 일이라면 참 열심히 했던 것 같다. 양옥집을 지어 모신 뒤에는 동네 어르신들을 관광버스에 태워 구경도 시켜드렸다. 아들 때문에 동네에서 회장직을 맡고 계시는 아버지의 체면을 세워드리고 싶었던 것이다. 아버지께서 여간 기뻐하지 않았다. 부모님이 좋아하시는 것이 내게는 최고의 기쁨이었다.

요즘은 핵가족시대로 옛날처럼 많은 가족들이 모여 살지 않는다. 서로 부딪치는 일이 별로 없어 갈등도 줄어들 법한데 그때보다 부부갈등이나 형제간 불협화음은 더 심한 것 같다. 그 이유는 상대를 배려하지 않고 내 입장만 고수하기 때문일 것이다. 화목한 가정이 되려면 모두를 소중한 가족 구성원으로 배려해야 한다.

억압하거나 강제로 명령하기보다는 각자의 개성을 존중하고 내가 먼저 양보하려는 자세를 가질 때 가족이 원만하고 화목해진다. 오죽하면 프랑스의 사상가 몽테뉴도 저서 『수상록』에서 "왕국을 통치하는 것보다 한 가정을 다스리는 일이 더 어렵다"고 했겠는가.

가족 구성원 모두를 행복하게 만들기는 실로 어려운 일이다. 그래서 '가화만사성(家和萬事成)'이라는 말이 있지 않나 싶다. 가정이 화목하면 만사가 형통한다는 이 진리는 머리가 아닌 가슴에 잘 새겨놓아야 할 명언이다.

# 하나님과의
# 첫 약속을 지키다

사업이 안정적인 궤도에 오르고 수입이 늘어나면서 머릿속에는 해결해야 할 숙제 하나가 끊임없이 맴맴 돌고 있었다. 바로 하나님께 약속한 100억대 장학재단이었다. 그 약속을 반드시 지킨다는 데에는 조금의 의심도 없었다. 그러나 시기가 문제였다. 장학재단 문제가 떠오를 때마다 내 속에서는 두 개의 생각들이 서로 싸우기 시작했다.

'이상춘, 장학재단은 조금 더 성공하고 돈을 많이 벌어서 세우면 된다. 지금 회사가 계속 성장하고 있으니 조금 더 안정되면, 그때 얻어진 수익금으로 장학재단을 만들면 된다. 그때 해도 늦지 않으니 기다렸다가 해라.'

회사를 좀 더 키우면 수익도 늘어날 테니 그때 재단을 세우는 게 훨씬 유리하다는 것은 자명한 사실이었다. 그러나 마음속에서 또 하나의 목소리가 말하고 있었다.

'이상춘, 기회는 언제나 있는 게 아니다. 다름 아닌 하나님께 서원한 약속이 아닌가? 사업하면서 사람과의 신용을 쌓는 것도 얼마나 중요한데 하물며 하나님과의 약속이다. 지금 당장 시작해라. 사업이 네 뜻대로 계속 잘 된다는 확실한 보장이 있느냐? 혹시라도 네가 건강을 잃거나 사업이 무너지면 하나님과의 약속을 지키지 못하게 되는 것이다. 그러니 일단 지금 네가 받은 복과 물질로 시작해야 한다.'

죽음을 결심하면서 하나님께 울부짖던 기억은 어느새 핑계로 흐려지고 이렇게 갈등하는 사이 몇 년이 지나갔다. 나의 고민을 알고 있던 아내가 어차피 하나님께 서원한 것이니 망설이지 말고 약속을 이행하라며 응원했다.

2008년 4월, 마침내 용단을 내려 상록수장학재단을 발족시켰다. 가족들의 응원이 없었다면 오늘의 이 보람은 없었을 것이다. 지금도 "당신이 고생해서 번 돈, 당신의 꿈을 위해 사용하는 것이 좋다"고 말해주는 아내에게 고마울 따름이다. 더구나 하나님은 상록수장학재단을 발족할 수 있도록 100억 원대의 수익용 건물을 허락하시지 않았던가.

그 건물이 선물처럼 나를 거쳐 장학재단으로 가게 된 사연은 이렇다. 2002년 어느 날, 저축은행 행장으로 있는 친구에게서 점심식사를 함께 하자는 연락이 왔다. 식사하며 담소를 나누던 그는 사진 한 장을 보여주면서 부천 도당동의 상가 건물인데 매입하면 좋을 거라고 권유했다.

　당장 돈도 없었지만 사업하는 사람 입장에서 용도에 맞지도 않는 건물을 살 필요가 없다는 생각에 거절했다. 그러자 등기비를 포함해 상가를 구입하는 데 필요한 모든 비용을 저축은행에서 대출해줄 수 있다며 상가에서 나오는 임대료가 높아 대출금 이자를 내고도 많은 수익이 남을 거라고 설득하는 것이었다.

　나를 생각해서 좋은 물건을 소개해주는 친구가 고맙기도 했지만 순간적으로 월세가 나오는 건물인 만큼 장학재단을 설립할 때 이 상가를 기증하면 안성맞춤이겠다는 생각이 떠올랐다. 계약서에 싸인하면서 상가 대출금을 모두 갚는대로 장학사업에 헌납하겠다고 행장에게 말했다.

| 상록수 장학회 학생들과 함께. 앞줄 오른쪽은 장학회 이찬영 사무국장

그로부터 6년 뒤인 2008년, 장학재단을 설립하면서 기념식에 행장을 초청했다. 그는 깜짝 놀라면서 도와준 보람을 느낀다며 매우 기뻐했다. 저축은행 친구가 아니었다면 100억 원대의 장학재단을 만들겠다는 약속을 언제 지킬 수 있었을지 알 수 없는 일이다. 지금도 항시 그 친구에 대한 고마움을 잊지 않고 있다.

이 일을 계기로 모든 선행은 혼자 하는 것이 아니라 주위의 많은 사람들이 도와줌으로써 가능해진다는 사실을 깨닫게 되었다. 부천의 상가를 포함해 1984년에 처음 구입한 공장과 1988년에 신축한 5층 건물, 주차장부지로 구입한 공장까지, 공시지가 105억에 달하는 네 개의 건물을 장학재단 설립에 헌납할 수 있었다. 여기서 나온 임대수익으로 2017년 현재까지 1,800여 명에게 30억 원의 장학금을 줄 수 있었으니 참으로 놀라운 하나님의 역사가 아닌가.

'상록수장학재단'이라는 이름은 사철 늘 푸른 나무를 뜻하는 '상록수'라는 단어도 좋았지만, 농촌 계몽운동을 다룬 심훈의 장편소설 『상록수』에서 따 온 것이다. 고향에 내려가 농촌을 살리려는 주인공들의 열정과 사랑을 담은 이 소설을 감명 깊게 읽었던 기억이 있다.

동병상련이라 했던가? 농촌의 청소년들이 더 큰 세상으로 나와, 시대가 필요로 하는 인재가 될 수 있도록 도움을 주고 싶은 나의 바람과 잘 맞는다는 생각이 들었다. 상록수장학재단을 창립하던 날, 다음과 같이 설립 취지를 밝혔다.

"상록수장학재단은 젊은이들의 아름다운 미래를 위해 설립된 교육 지원재단입니다. 상록수장학재단은 푸른 꿈을 가진 여러분을 지원하고자 합니다. 성실하게 진리를 탐구해 행복한 삶을 누리고 인류의 평화를 위해 헌신하는 일은 참으로 아름답고 선한 일입니다.

교육은 우매한 자를 지혜롭게 만들고 개인에게는 만족을, 인류에게는 번영을 가져다준다고 했습니다. 곤궁한 배움의 환경에 있는 이들에게 교육의 기회를 주는 일은 가장 귀한 투자가 아닐 수 없습니다.

상록수장학재단은 그리스도의 사랑을 바탕으로 젊은이들과 호흡하고, 그들의 아름다운 미래를 위해 함께 고민하며 도움을 주고자 노력할 것입니다. 상록수장학재단은 계속해서 더 많은 장학생을 지원하고 섬길 것이며 이 시대를 이끄는 귀한 인물들이 많이 배출될 수 있도록 응원할 것입니다. 우리 장학생들이 대한민국은 물론 세계를 이끌어갈 수 있는 훌륭한 인재가 될 수 있도록 최선을 다해 도울 것입니다."

오랫동안 응어리져 있던 배움에 대한 목마름, 고등학교 입학시험도 못 치른 채 돈을 벌기 위해 서울로 향해야 했던 열다섯 살 소년의 설움과 눈물이 마침내 소중한 열매로 맺어져 상록수장학재단을 태동시킨 순간이었다. 재단 설립은 또한 위기의 순간에 눈물로 회개하며 기도했던 하나님과의 약속이자 성령께서 내 입을 통해 주신 사명이기도 했다.

상록수장학재단은 2008년 4월 8일자로 설립 허가를 받고 그해 7

월 1일, 재단법인 창립총회를 열었다. 초대 재단이사장으로 취임한 나는 이듬해인 2009년 2월에 제1기 장학증서 수여식을 통해 열두 명에게 1,200만 원을 전달했다. 2010년 2월 27일에 실시한 제2기 장학금 수여식에는 모두 100명에게 1억 1,800만 원을 전달해 줄 수 있었다.

2011년, 제3기 수여식에는 243명에게 2억 9,400만 원을, 2012년에는 351명에게 3억 9,660만 원을 전달할 수 있었으며 해마다 장학금 액수는 조금씩 늘어나고 있다. 2017년 현재 우리 장학재단을 통해 1,800명의 학생에게 총 30억 원의 장학금이 전달되었으며 앞으로도 지원 규모를 더욱 확대해 갈 계획을 세우고 있다.

상록수장학재단의 장학생 선발 기준은 대학이나 중·고등학교에 재학 중인 학생으로서 학업성적이 우수한 모범학생이 1차 대상이다. 장래성이 돋보이는 학생과 학자금 조달이 어려운 학생을 우선 대상으로 삼아 심사하며 매년 1월에 선정해 2월과 8월에 장학금을 지급하고 있다. 중·고등학생은 연간 100만 원, 대학생은 연간 500만 원 범위에서 심사를 통해 실질적인 도움이 될 수 있도록 지원하고 있다.

교육자 페스탈로치는 "부모는 제1의 인간을 만들고 교육은 제2의 인간을 만든다."고 했다. 한 사람의 훌륭한 인재가 인류의 역사를 바꾸고 복지를 향상시킨다는 말이 있다. 오늘날에는 신지식과 첨단 정보의 소유자가 개인을 넘어 국가의 부를 창출하는 시대가 되었다. 이러한 때에 교육의 기회를 얻기 힘든 청소년들에게 가능성을 열어준다는 점에서 재단이사장으로서의 보람은 말로 다할 수 없다.

장학금을 받는 학생들은 자신이 장학금 수여자라는 사실에 커다란 자부심과 긍지를 갖고 더욱 열심히 자기 관리를 하며 공부에 매진하는 모습을 볼 수 있다. '장학금'이라는 용어가 주는 또 다른 힘이 학생들을 곁길로 빠지지 않게 만드는 안전장치라는 생각도 해 본다.

앞으로도 열심히 사업해서 얻어진 수익금을 재단에 내놓을 생각이다. 이 장학금이 많은 학생들로 하여금 힘찬 달음박질을 하게 만드는 힘의 원천이 되리라 믿기 때문이다. 나아가 상록수장학재단이 우리 사회를 조금이라도 더 나아지게 만들고 행복한 나라가 되는데 일조할 수 있기를 희망한다.

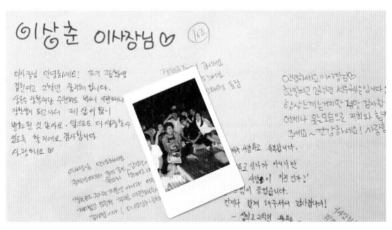

| 학생들이 선물한 메모판. 감사와 사랑의 표현들로 가득하다.

# 상록수장학재단에서
# 영그는 꿈

장학재단을 운영하게 된 뒤로 많은 청소년과 만나고 대화하면서 느끼는 것이 있다. 자아가 형성되는 시기에 멘토를 잘 만나 바른 인격과 신앙을 형성하는 것이 얼마나 중요한가 하는 점이다. 현실적으로 부모의 역할에는 한계가 있다. 부모와 자녀 사이는 가장 가까우면서도 세대 차이로 인해 소통이 어려워 서로 상처받기 쉽고 바른 멘토가 되어주기 힘들다.

그래서 학비 이외에도 학생들이 학업에 전념할 수 있도록 다양한 지원을 하고 있으며 1년에 두 차례 수련회를 열어 인격 형성에 도움이 되는 강연과 토론의 기회를 만들어주고 있다. 그중에서도 멘토링 프로그램을 통해 진학이나 진로상담을 할 수 있도록 관계를 형성시켜 주는데 이 효과가 놀랄 만큼 크다.

농촌의 고교생인 K양의 고백은 장학사업의 방향성과 목적을 더 굳건하게 해준다. K양은 서울대학교에 다니는 장학재단 J선배의 조언과 격려로 인해 삶의 변화가 생겼다고 말한다.

"제가 고등학교에 입학한 뒤로 가정형편이 나빠지고 모든 면에서 힘들었을 때 상록수장학재단 장학생이 되었습니다. 장학금도 물론 너무나 감사했지만 한국 최고의 명문대학인 서울대학교에 다니는 장학재단 선배님과 멘토를 맺을 수 있어서 정말 좋았습니다. 선배님은 힘들어하는 저의 상황을 잘 이해해 주었을 뿐만 아니라 미래에 대한 불안감으로 진로를 결정하지 못하고 있는 저에게 상담을 통해 큰 용기와 자신감을 가질 수 있게 해주었습니다. 그 도움으로 저 역시 명문대에 진학할 수 있었습니다. 멘토 선배의 조언과 격려가 오늘의 저를 있게 한 힘이 되었습니다."

한편 K양의 멘토를 담당했던 J는 다음과 같이 말했다.

"K를 본 순간 마치 저의 옛 모습을 보는 것 같았습니다. 아버님이 자영업을 하다가 실패하시고 어머니까지 암에 걸리는 바람에 저도 고교 시절에 힘든 시간을 보냈거든요. 그런데 주변에서 많이 도와주셨고 저 역시 대학에 입학하면서 상록수재단 장학생이 되어 4년간 큰 도움을 받았습니다. 이 모든 것에 감사한 마음이 들었고, 저 또한 주변에

도움이 되어야 한다고 생각하던 중에 K양을 멘티로 소개받아 나름대로 도움을 주게 되었습니다. 이제 우리는 마치 자매처럼 자주 대화하며 좋은 관계를 갖고 있습니다. 더구나 K가 좋은 대학에 진학해 저도 기쁘고 앞으로도 계속 연락하며 자매처럼 지내려 합니다. 여동생이 하나 생겨서 너무 좋습니다."

J양은 올해 상록수장학재단 서울지부 학생회장을 맡아 각종 봉사에 헌신적으로 나서고 있다. 대학에서 정치학을 전공했고, 현재 대학원에서 외교학을 전공하고 있는 재원이다. 앞으로도 많은 후배들의 멘토가 되어 좋은 영향력을 끼쳐주기를 바라는 마음이다.

상록수장학재단은 장학생들 간의 상호 네트워크를 통해 사랑과 나눔, 헌신과 봉사, 보람과 기쁨의 릴레이가 이어질 수 있도록 돕고 있다. 단순한 학비 지원을 넘어 그 이상의 것을 줄 수 있도록 노력하는 것이다. 그래서인지 상록수장학재단 장학생들은 누가 시키지 않아도 서로서로 도움을 주고받으며 공부한다. 기수별로 모임을 갖고 선배들이 후배들을 지도해 주는 것이다. 이러한 아름다운 흐름이 잘 이어져나가기를 기대한다.

가끔씩 나는 아이들에게 공부도 중요하지만 "과연 내가 무엇을 위해 인생을 살 것인가?"라는 근본적인 삶의 문제를 진지하게 생각해 볼 것을 주문하곤 한다. 삶의 중심에 행복과 감사, 보람과 자부심이 있어야 한다는 것 그리고 어떠한 어려움이 있어도 희망과 꿈에 대한 열정을 잊지 말 것도 당부한다.

사업에서 번 돈을 장학사업과 교회 설립 그리고 학교 건축 등에 사용하면서 너무나 소중한 경험을 할 수 있었다. '나눔은 주는 것이 아니라 뿌리는 것'이라는 진리를 깨닫게 된 것이다. 상록수장학재단을 통해 우리 학생들이 펼쳐나갈 아름다운 세상을 함께 바라볼 수 있음에 감사한다.

| 수련회를 마친 뒤 장학생들과 함께 부천 상록수장학재단 사무실에서

# 드림갤러리 개관 기념
# 자선전시회

　　　　　　　　　　　　부천시 도당동에 있는 상록수장학
재단 건물의 일부를 어떻게 하면 좀 더 보람있게 사용할 수 있을지 생
각하다가 마음의 양식이 될 수 있는 공간을 만들기로 해서 탄생한 공
간이 '드림갤러리'다. 건물 3층에 드림홀과 함께 있다.

　문화 공간이 부족한 부천에 미술 작품을 볼 수 있는 공간이 생긴다
는 것도 의미가 있지만, 판매된 작품 수익을 장학사업에도 사용할 수
있도록 하자는 취지가 맞물려 탄생한 공간이다. 이를 위해 많은 분들
이 뜻을 모아주셨다.

　김란 화백이 관장을 맡은 드림갤러리는 2014년 11월, 개관을 기념해
2주간 자선전시회를 열었다. 주변의 화가와 예술인들에게 작품 전시
회를 통해 얻은 수익금을 장학사업에 사용한다는 취지를 말씀드렸더

니 흔쾌히 작품을 기증해 주셔서 많은 분을 모시고 개관 전시회를 열수 있었다.

이 자선전시회에는 고진오, 박동진, 서기범 등 국내 유명 작가 37분이 참여해 주셨다. 미술에 재능 있는 학생들의 작품 23점도 함께 전시되었으며 상록수장학재단 후원회장인 탤런트 길용우 씨가 직접 찍은 사진작품도 전시되어 특별한 의미를 더했다.

이날 개관식에 참석한 분들에게 감사한 마음으로 축사를 했다.


"미래의 일꾼을 키우고 세운다는 목표로 힘차게 달려온 상록수장학재단이 설립 이후 처음으로 제1회 자선전시회를 열게 된 것을 참으로 기쁘게 생각합니다. '사랑은 나눌수록 커진다'는 말이 있습니다. 정말 맞는 말이라는 것을 그동안의 체험을 통해 확인할 수 있었습니다. 보통은 내 것을 주고 나면 내 몫이 작아질 것을 우려하는데, 놀라운 것은 시간이 지나면 내 것이 오히려 놀랄 만큼 더 커져 있다는 것입니다.

사업을 하면서 제가 철칙으로 삼고 있는 것이 있다면 할 수 있는 범위 내에서 가능하면 '주고, 나누고, 섬기며 살자'는 것입니다. 저와 뜻을 함께 하고 상록수재단을 사랑해 주시는 많은 분들이 이번 자선전시회를 위해 귀한 소장품과 작품을 쾌척해 주셔서 이 나눔의 잔치가 펼쳐질 수 있었습니다. 그분들의 사랑과 헌신이 모여 우리 사회가 좀 더 아름답게 발전해 나가는 데 소중한 자양분이 되리라 믿어 의심치 않습니다.

작품을 기증해 주신 많은 분들게 깊이 감사드리며 전시회에 오셔서 사랑의 마음으로 작품을 구매해 주신 후원자들께도 머리 숙여 감사드립니다. 갈수록 삭막해지는 현대의 환경 속에서 아름다운 미술작품 한 점, 소품 한 점이 우리의 삶을 조금이나마 풍요롭게 만드는 청량제가 될 수 있기를 바랍니다. 더구나 이 작품들은 '사랑의 매개체'란 점에서 더욱 가치가 있다고 생각합니다.

이번 전시회의 모든 수익금은 미래의 동량들을 키우는 일에 소중하게 사용할 것을 약속드리며 준비하느라 수고한 스텝과 봉사자들에게도 깊은 감사를 전합니다."

| 드림 갤러리에서 열린 자선전시회 모습.

개관전시회를 통해 예상 외로 많은 작품이 팔렸다. 전시장을 찾아준 분들이 기쁜 마음으로 동참해 주신 덕분이라고 생각한다. 수익금은 이듬해 1월, 상록수장학재단이 진행하고 있는 장학생 해외봉사활동 경비로 매우 유익하게 사용되었다.

전시회를 열면서 아직 우리 사회에 마음이 따뜻하고 남을 돕고자 하는 분들이 많다는 것을 새삼 확인할 수 있었다. 좋은 일에 사용한다고는 하지만 오랜 시간 정성을 기울여 그린 작품을 선뜻 내놓는다는 것은 결코 쉬운 일이 아니다. 그런데도 그처럼 많은 작품이 모이고 또 팔릴 수 있었다는 것은 아직도 우리 주변에 사랑의 불씨가 꺼지지 않았음을 보여주는 것이다.

앞으로 드림갤러리를 예술인들을 위한 전시 공간뿐만 아니라 다용도 문화공간으로 활용할 수 있도록 지역사회에 개방하고자 한다. 그래서 부천이 문화도시로 한 걸음 더 나아가는 데 작은 도움이 되고 싶다. 갤러리를 통해 많은 사람들의 마음이 풍성해지고 행복해지기를 기대한다. 아울러 상록수장학재단의 발전에도 이바지할 수 있기를 바라는 마음 간절하다.

# 부천과 김천의
# 상록수교회

상록수(常綠樹)는 '일 년 내내 잎이 푸른 나무'를 말한다. 상록수장학재단이라는 이름을 붙인 이유도 청소년들이 언제나 푸르고 싱그러운 꿈을 마음껏 펼쳐갈 수 있도록 돕는다는 의미가 담겨 있다.

신앙생활을 하는 사람들 대부분이 갖는 꿈이지만 교회를 설립해 청소년과 지역을 섬기고, 성도들도 모두 행복한 곳을 만들고 싶다는 생각을 품게 되었다. 상록수장학재단과 연계해 자라나는 청소년들에게 좀 더 실질적인 도움과 좋은 환경을 제공해 줄 수 있다는 생각에서다.

2014년, 장학재단 소유의 건물 2층에 다음 세대를 위한 공동체를 목적으로 하는 부천 상록수교회를 설립하게 되었다. 청년 리더를 양육하고 공동체가 살아있는 교회를 만들며 신앙의 본질을 회복하는 것을 목표로 하고 있다. 아직은 재정적으로 여유롭지 못한 상태지만 예산의 10%를 무조건 떼어 선교와 나눔, 구제에 사용한다는 방침을 정하고 향후 이 액수를 30%까지 늘리는 것으로 정관을 마련해 놓았다.

'10대에 꿈꾸고 20대에 준비해서 30대에 영향력을 발휘하자'는 캐치프레이즈를 가지고 있는 상록수장학재단은 다음 세대를 준비시켜 세상의 빛과 소금이 될 수 있도록 인도하는 기독교 신앙의 정신과도 일맥상통한다. 그래서 고향 김천에도 청소년들을 위한 상록수청소년교회를 설립했다.

김천 시내 중심가인 평화동에 세워진 상록수교회에는 상록수재단 사무실도 지부 형식으로 함께 개설되어 있다. 청소년과 청년들을 중심

| 청소년들을 위해 특강을 하고 있다.

으로 김천 지역의 중·고등학교와 대학이 연계되어 좋은 관계를 이어가고 있다.

상록수교회 청소년들은 지역과 소통하며 어려운 이웃을 돕는 일에도 적극 참여하고 있다. 개척 1주년을 맞았을 때에는 독거노인들의 집 고쳐주기 활동으로 혼자 사시는 할머니 댁을 방문해 도배와 장판을 해드렸다. 보온매트를 깔고 수납장과 텔레비전 받침대를 교체하는 청소년들의 모습이 참으로 대견했다.

소외 노인들의 백내장 수술을 지원하거나 불우청소년에게 꿈과 희망을 주기 위해 캠프를 여는 여러 활동들이 상록수교회 청소년들에게는 무엇과도 바꿀 수 없는 경험이자 보상이 될 것이다. 타인을 도움으로써 스스로 가장 귀한 도움을 받고 있기 때문이다.

청소년들에게 특히 관심을 갖는 것은 또래들과 함께 공부하며 뛰어놀지 못했던 나의 청소년기에 대한 보상인지도 모른다. 그래서 나는 장학재단이나 교회를 통해 후원하는 청소년들을 '내가 돕는다'고 생각하지 않는다. 오히려 그들이 나의 청소년기를 치유하고 보상해 주고 있음을 느낀다. 지역 주민들과의 소통을 통한 나눔과 섬김의 실천 또한 마찬가지다. 어떻게 하면 더 많은 사람들과 함께 꿈을 이뤄갈 수 있을지, 고민이 행복인 것도 이런 이유 때문일 게다.

| 김천 상록수 교회 청년봉사자들과 함께 집 수선 봉사 활동을 하면서

# 태국 난민촌 매솟에 세운 학교

2010년, 인척 동생에게서 연락이 왔다. 태국에 교회를 지었다며 준공 기념 입당예배에 참석해 달라는 것이었다. 바쁜 상황이었지만 태국에 가서 준공예배를 드리고, 그곳에서 사역 중인 허춘중 선교사를 만나 매솟(Mae Sot) 지역을 방문하게 되었다.

매솟은 미얀마와 근접한 국경지대에 있는 난민촌으로 수도인 방콕으로부터 509km, 도청 소재지인 탁(Tak)에서 87km 떨어진 곳에 있다. 방콕에서 버스로 8시간이나 걸리는 먼 지역이다.

매솟은 미얀마에서 탈출해 온 사람들이 집단으로 이주해 살고 있는 지역이어서 인구의 60~70%가 미얀마 사람들이다. 매솟의 인구가 약 20만 명이니 이중 12만 명 정도가 미얀마 사람인 셈이다. 다른 외국인들도 일부 있지만 그 수가 많지는 않다.

매솟 주변에는 유엔과 태국 정부가 운영하는 난민촌들이 여기 저기 흩어져 있다. 난민들 대부분이 미등록 이주자, 즉 불법 체류자로서 일부는 고용허가비자를 받아 살아가기도 한다. 공식적인 난민촌 9개에 무려 15만 명의 난민들이 사는 것으로 알려져 있다.

매솟은 미얀마의 수도인 양곤과 447km로 꽤 멀리 떨어져 있지만, 이 곳을 중심으로 태국과 미얀마의 국경지역 경제활동이 이루어지고 있다. 태국 땅이면서도 미얀마어가 공용어로 쓰이는 지역이다.

허 선교사와 함께 매솟을 방문하면서 난민들의 삶이 얼마나 힘들고 척박한지 가슴으로 느낄 수 있었다. 그 빈궁하고 어려운 생활을 눈으로 목격하니 도움을 주지 않고는 견딜 수 없었다. 무엇보다 한창 공부해야 할 어린아이들이 쓰레기 더미를 뒤지며 먹을 것을 찾아 헤매고 있는 모습에 큰 충격을 받았다.

매솟 외곽에는 엄청나게 큰 쓰레기 취합장이 있다. 어린이들은 주로 여기에 모여 휴지와 비닐, 캔 등을 모아 파는 일을 하고 있었다. 온종일 엄청난 악취와 뜨거운 땡볕 아래에서 쓰레기 더미를 뒤지는 일이 여간 고역이 아닐 텐데, 무표정한 얼굴로 묵묵히 일하는 어린이들을 보니 정말 마음이 아팠다.

이렇게 온종일 일을 해서 폐품을 팔면 보통 50바트에서 100바트 정도 벌 수 있다고 한다. 우리나라 돈으로 환산하면 1,800원에서 3,600원 사이의 돈이다. 쓰레기차가 들어오면 아이들은 폐품을 먼저 차지하기 위해 재빠르게 달려간다. 쓰레기 더미를 뒤지다가 먹다 버린 빵을 발견하거나 쓸만한 물건을 찾으면 운수가 좋은 날이라고 한다.

어린이들이 당장 생존에 내몰려 쓰레기를 줍는 것도 마음 아팠지만, 미래에 대한 꿈과 희망을 갖지 못하고 하루하루를 똑같은 생활 속에서 빈둥거리며 지내는 것이 더 문제였다.

아이들이 현실을 딛고 일어서서 새로운 인생을 설계할 수 있기 위해서는 무엇보다 교육이 필요하다는 생각이 들었다. 교육은 새로운 세계로 들어가게 하는 문과 같다. 이것을 모른 채 살아가는 것은 너무나 안타까운 일이었다.

| 태국 퓨처가든스쿨 어린이들이 한글로 팻말을 만들어 감사를 표현하고 있다.

한국에 돌아와서도 매솟 아이들 생각이 머리에서 떠나지 않았다. 그들이 우리나라의 아이들과 무엇이 다르단 말인가? 단지 다른 나라에서 태어났다는 이유만으로 땡볕 아래에서 쓰레기 더미를 뒤져야 하는 그들의 모습이 자꾸만 떠올랐다.

문득 내가 매솟에 가게 된 것은 그곳 아이들을 도우라는 일종의 사명을 받기 위해서라는 느낌이 들었다. 일단 그런 생각이 들자 머뭇거리지 않고 실천하기로 했다.

먼저 매솟에서 활동하고 있는 선교사님과 연결해 학교 건축 문제를 의논하고 건축비를 보냈다. 학교 이름은 미래의 아름다운 정원을 준

| 어린이들에 둘러싸여 행복한 순간

비한다는 뜻에서 퓨처가든스쿨(Future Garden School)이라고 짓기로 했다.

열대지방의 특수한 기후환경 덕분에 학교 건축에 많은 시간이 소요되지는 않았다. 학교가 다 지어지자 상록수장학재단의 장학생 20여 명과 함께 '퓨처가든스쿨 준공식'에 참석했다.

초·중·고교생까지 모두 300명 정도가 공부할 수 있는 규모로 만들어진 이 학교는 현지에서는 상상할 수도 없는 샤워 시설과 청결한 식당까지 갖춰진 이 지역 최고의 현대식 건물이 되었다.

현지 어린이들과 며칠간 지내며 봉사활동을 펼친 장학생들은 비참한 모습으로 살아가는 어린이들을 보며 무척 안타까워했다. 봉사대원으로 참여한 한 학생은 이 일에 힘을 보탤 수 있게 되어 기쁘다고 말했다

"저도 재단으로부터 도움을 받아 학업을 이어가고 있는데, 그 사랑을 나누어 줄 수 있는 시간을 마련해 주셔서 감사합니다. 나눔이 가져오는 행복을 맛보았고 많은 것을 깨달을 수 있는 시간이었습니다. 앞으로도 나눔을 실천할 수 있도록 저의 삶을 바꾸어 가겠습니다."

이 일이 계기가 되어 방학이 되면 장학생들도 매솟에 가서 봉사활동을 하게 되었다. 그들은 현지 봉사활동을 통해 더불어 살아가는 삶의 의미를 체험했다고 말한다. 아직 배우는 학생의 입장이지만 자신보다

더 어려운 형편에 있는 사람들을 도우며 삶의 중요한 가치를 깨닫는 것, 바로 이런 것이 진정한 교육이 아닐는지. 앞으로도 장학생들이 이곳에서 참된 삶의 가치를 배우는 계기가 될 수 있도록 봉사활동을 적극 격려할 생각이다.

처음 기초공사를 시작했을 때 이게 뭔가 싶어서 기웃거리며 구경하던 아이들, 학교 건립에 너무나 기뻐하며 환호성을 지르던 그들의 표정을 생각하면 나도 모르게 미소가 지어지고 마음이 흐뭇해진다. 매솟의 아이들을 돕는다고 생각했지만 정작 도움을 받은 것은 오히려 나와 우리 장학생들이었던 것 같다.

# 노력을
# 이기는 것은 없다

살아가면서 노력의 중요성에 대해서는 귀에 못이 박히도록 들었을 것이다. 노력하는 사람과 그렇지 못한 사람 간에 현저한 차이가 나타나는 것은 당연한 일이다. 누구나 알고는 있지만 문제는 실천의 여부다.

사실 좋은 환경에서 자라나 이미 충분히 많은 것을 가진 사람이 뭔가를 성취하기 위해 노력까지 열심히 하기는 쉽지 않을 것이다. '헝그리 정신'이라는 말이 나온 데에는 강력한 성취 동기의 요소가 바로 결핍에 있음을 암시하고 있다. 결핍, 한때 그것은 서러움과 비참함이었지만 돌이켜보면 지금의 나를 있게 한 소중한 체험이 아니었나 싶다.

사업을 하면서 노력만큼은 누구에게도 뒤지지 않을 정도로 열심히 했던 것 같다. 무엇이든 한번 도전을 시작하면 뿌리를 뽑아야 직성이 풀렸다. 젊은 나이에 군 입대 신체검사에서 면제 판정을 받을 정도로 건강이 악화된 것을 계기로 테니스를 시작했고 이후에 골프와 스키 등을 배울 때에도 한번 시작하면 어느 정도 내 것으로 만들 때까지 집요하게 노력했다.

학교 공부를 못 마치고 일찌감치 직업전선에 뛰어들어야 했던 나는 늘 배움에 목말라 있었다. 그런 목마름이 무엇이든 열심히 하게 만드는 원동력이 되었던 것 같다. 사업으로 바쁜 와중에도 공부를 계속하고 싶다는 마음은 늘 한쪽 구석에 자리하고 있었다. 결국 뒤늦게나마 학업을 이어 숭실대학교에서 경영학을 공부했다.

일본 오찌아이사와 거래할 때에도 3년 동안 새벽마다 일본어를 공부했지만 한 번도 억지로 한 적이 없다. 일본 회사와 거래하려니 일본어를 안 배울 수가 없는 입장이었지만 어쨌든 공부를 하는 것 자체가 뿌듯했었다.

그러고보면 자녀를 키우는 엄마들이 너무 일찍부터 모든 것을 가르쳐주기 위해 애쓰는 것이 꼭 좋은 것만은 아니라는 생각이 든다. 스스로 필요하다고 느낄 때 배움의 기회를 주면 훨씬 더 효율적으로 공부하게 되지 않을까?

사업을 하다 보면 뭔가를 하기 위해 규칙적으로 시간을 내기가 쉽지 않다. 그러나 어떤 이유에서든 필요하다고 생각되면 다소 무리가 되더라도 바로 시작을 하는 편이다. 종종 사람들은 바로 그 '시작'이 가장 어렵다고 말한다. 가령 운동을 하겠다고 생각했지만 시작하기가 어렵다는 것이다. 그런 사람들은 언제 시작할까? 혹은 어떤 운동이 나에게 가장 잘 맞을까? 하고 끊임없이 생각만 하고 있다.

가장 좋은 방법은 그냥 생각하지 말고 일단 집 밖으로 나가는 것이다. 그런 다음 오른쪽이든 왼쪽이든 가다가 운 좋게 놀이터 운동기구를 만나면 한번 매달려 보는 것이고 아무 것도 없으면 산책하듯 그냥 걷는 것이다. 눈에 띄는 피트니스 센터를 만났다면 좋은 곳인지, 적당한 곳인지 따지지 말고 등록하는 것도 좋다

단순해 보이지만 일단 결정이 났으면 무조건 시작하는 것, 꾸준하게 하는 것, 잘 안되도 될 때까지 계속한 것이 사업경영에도 장점으로 작용했던 것 같다. 자신의 부족함을 인정하고 그 부족한 것을 채우려고 최선을 다하는 것이 바로 노력이다. 일단 시도한다면, 멈추지 않고 정말 최선을 다해 노력한다면 이루지 못할 일은 없다고 생각한다.

이렇게 말하는 데에는 나름의 이유가 있다. 사실 나는 회사의 전 직원이 인정하는 지독한 음치다. 음악 교육을 제대로 받은 적도 없지만 타고난 음악성도 없다. 직원들과 야유회를 가거나 회식자리에 가면 회사 오너의 입장에서 제일 먼저 노래를 하게 되는데 이럴 때마다 정말 자리를 피하고 싶을 만큼 너무나 힘들었다.

직원들 입장에서는 사장이 아무리 음치여도 예의상 안 시킬 수도 없는 노릇일 테고, 나 또한 시키니까 억지로 부르긴 하는데 워낙 음치다 보니 좋은 분위기를 순식간에 망치기 일쑤였다. 정말이지 여간 고역이 아니었다.

결국 음치교실에 등록해 교정을 받기로 했다. 노래, 그게 뭐라고, 학원에서 가르쳐 주는대로 큰 통을 뒤집어쓰고 노래 연습을 할 때면 꼭 이렇게까지 해야 하는지 한편으로는 우습기도 했다. 하여튼 우여곡절 끝에 과정을 마친 뒤로는 어느 정도 분위기를 맞출 수 있을 정도까지는 되었다.

바쁜 시간을 쪼개 음치교실에 등록하고, 교습 받는 노력을 하지 않았다면 나는 여전히 모임이나 회식자리에서 노래를 시킬까 봐 전전긍긍하고 있었을 것이다. 듣는 직원들 입장에서는 큰 차이를 못 느낄 수도 있다. 중요한 것은 어쨌든 노래로 인한 괴로움은 한결 줄어들었다는 것이다.

이 경험을 통해 나는 필요하면 무조건 시작하라고 말하게 되었다. '도전하라', 이것이 내가 하고 싶은 이야기의 핵심이다. 요즘은 '시작이 반'이라는 말에 대한 우스갯소리로 '시작은 시작일 뿐'이라고 말하는 사람들도 있지만 설사 그렇다 하더라도 도전은 그 자체만으로도 충분한 가치가 있다고 생각한다.

인생 선배들의 가르침에도 노력에 대한 중요성이 강조되어 있는 것을 볼 수 있다. 토머스 에디슨은 "인생에 규칙이란 없다. 우리는 무언가 이루려 노력하고 있을 뿐"이라고 말한다. 미셸 쉬어도 "창의성이란, 아직 존재하지 않는 것을 보는 것이다. 그것을 존재하도록 하는 방법은 노력이며, 그렇게 신의 친구가 되는 것이다."라고 설파했다.

누군가 나에게 성공의 방법에 대해 묻는다면 '간절한 마음으로 바라고 도전하며 끊임없이 노력하는 것'이라고 말할 것이다. 놀라울 만큼 뻔한 대답이지만 어쩌랴, 무엇이든 진짜 내 것으로 만들기 위해서는 그 길밖에 없는 것을.

# 약속이 맺은 열매

　　　　　　　　　　　종종 강연 요청을 받을 때가 있다. 사업가로서 어느 정도 자리매김을 했고, 특히 사회공헌사업에 관심이 많다 보니 삶에 대한 전반적인 이야기를 듣고 싶어하는 것 같다. 처음에는 사양했는데 강의를 하다 보니 내가 걸어온 길을 정리할 수도 있고, 앞으로의 사명을 다짐하는 계기도 되어 대체로 응하는 편이다.

　주로 '약속이 맺은 열매'라는 제목으로 강연을 하는데 오래 전부터 하나님 앞에 약속한 것들을 실천하는 과정을 통해 삶에 대한 참된 가치와 의미를 찾아보자는 내용이다. 결국 내가 살아 온 이야기를 하게 되는 셈인데 의외로 많은 분들이 호응해 주셔서 놀랐다.

　많은 분들이 궁금해 하는 것은 크게 두 가지로 요약된다. 첫째는 사업 성공의 비결이고 다음으로 어떻게 그렇게 큰 액수의 나눔을 실천할 수 있느냐는 것이다.

사실 성공의 요소는 굳이 내 경우가 아니더라도 일반적으로 많이 알려져 있다. 우선 꿈과 목표를 세운 뒤, 자신감을 갖고 열정과 끈기로 최선을 다해 실천해야 한다는 것은 각자의 스토리만 다를 뿐 내용은 대동소이하다. 나 또한 이 범주에서 벗어나 있지 않다.

나는 오히려 이 두 가지 질문에 대한 분명한 대답을 성경 구절에서 찾을 수 있다고 말한다. 바로 잠언 11장 24~25절 말씀이다.

"흩어 구제하여도 더욱 부하게 되는 일이 있나니 과도히 아껴도 가난하게 될 뿐이니라. 구제를 좋아하는 자는 풍족하여질 것이요. 남을 윤택하게 하는 자는 자기도 윤택하여지리라."

많은 사람들이 이 구절을 곧이곧대로 받아들이기보다는 그저 착하게 살면 언젠가는 좋은 일이 생긴다는 뜻으로 해석한다. 그러나 수많은 성공학 서적들에서는 이 구절이 매우 논리적으로 타당한 근거를 가지고 있음을 밝히고 있다.

가장 기본적인 전제는 모든 사람들은 자신이 믿고 있는 상태 그대로 살고 있다는 점이다. 우리는 보통 가난하기 때문에 살기 힘들다고 생각한다. 그러나 살기 힘들다고 생각하기 때문에 가난한 상태가 유지되는 것일 수도 있다.

마음과 몸의 상태는 어느 것이 먼저라고 할 수 없이 긴밀하게 연결

되어 있다는 것이 최근의 연구조사에서 밝혀지고 있다. 가령 좋아하는 이성을 만나면 가슴이 뛴다고 생각하는데 운동 등으로 심장이 뛰는 상태에서 이성을 만나도 좋아하게 된다는 것이다. 마찬가지로 부에 대한 마음가짐과 외부의 상태 또한 서로에게 영향을 미치고 있다.

그렇다면 부자가 되고 싶은 사람은 스스로를 부자라고 믿어야 한다는 이야기인데 돈이 없는 사람이 그렇게 믿기는 현실적으로 힘들다. 억지로 믿는 척 할 수는 있지만 마음속 밑바닥에서는 사실 그렇지 않다는 것을 알고 있기 때문이다.

이럴 땐 생각과 말보다 훨씬 강력한 효과를 가진 행동을 하면 된다고 한다. 그것은 바로 남에게 뭔가 베푸는 행위를 하는 것이다. 베풀기 위해서는 뭔가를 갖고 있어야만 하기 때문에 주는 행동은 자기도 모르는 사이에 내가 뭔가를 갖고있다는 믿음을 갖게 만들고 바로 그 믿음대로 '갖고있는 삶'을 살게 된다는 것이다.

사실 나는 이러한 구체적인 논증까지는 알지도 못했거니와 생각해 본 적도 없다. 그러나 오랜 기간, 체험을 통해서 잠언의 말씀이 정확한 사실임을 알 수 있었다. 그래서 강연을 할 때마다 그 말씀을 꼭 인용하곤 한다. 나눔이 부를 성장시킨다는 것은 비유가 아닌 정확한 사실이다.

행복한 삶을 위해 무엇보다 중요한 것은 긍정적인 마음이다. 물론 어려움을 겪고 있을 때 긍정적인 마음을 내기란 쉽지 않다. 더구나 힘든 일이 지속되면 희망보다는 절망스러운 생각을 하게 되는 것이 인지 상정이다. 그럼에도 외적 상황이나 마음을 바꾸기는 어렵지만 입에서 나오는 말을 바꿀 수는 있다.

힘들다는 말 대신 모든 일이 잘 되어가고 있다고, 끝장이라는 말 대신 새로운 시작이라고 말한다면, 그 말이 씨앗이 되어 좋은 열매를 맺을 수 있으리라 믿는다. 어떤 일이든 당장 내가 원하는 대로 되지 않더라도 장기적으로 좋은 결과를 가져올 거라고 믿을 때, 삶은 달라질 수 있다.

# 행복도 불행도
# 사람을 통해서 온다

　　　　　　　　　　　　많은 사업가들이 자주 하는 질문
이 있다. 우리 에스씨엘이 어떤 동력을 가지고 꾸준하게 성장할 수 있
었는지 그리고 어떻게 그렇게 탄탄한 재무구조를 가질 수 있는지 경영
노하우를 알려달라는 것이다.

　미리 말하지만 비법은 없다. 경영은 좀 우아하게 말하면 종합예술이
지만, 실상 온갖 잡다한 문제들을 종합처리해야 하는 일이기 때문에
어느 하나를 콕 집어서 정답이라고 말할 수 없다. 그럼에도 그 복잡한
것들을 하나로 아우르는 것이 있다면 바로 '사람'이라고 할 수 있다.
모든 것의 중심에 사람이 있으며, 결국 모든 일은 사람과의 관계를 어
떻게 유지하고 있는가가 가장 큰 관건이라고 할 수 있다.

　세계적으로 유명한 카네기연구소에서 성공한 CEO들을 대상으로

설문조사한 바에 따르면, 성공에 이르게 한 요인으로 지식과 기술은 14%에 불과한 반면 좋은 인간관계가 86%에 달하는 것으로 나타났다고 한다. 한마디로 성공을 위한 결정적인 요소는 좋은 인간관계라는 것이다.

그렇다면 중요한 사람과의 관계를 어떻게 만들어가느냐가 숙제로 떠오르게 된다. 학교에서는 가르쳐 주지 않지만 인생을 살면서 우리가 꼭 알아야 하는 것이 바로 인간관계의 기술이 아닌가 싶다. 거창한 문제를 떠나 자잘한 삶의 만족도를 결정하는 것도 인간관계에 달려 있기 때문이다.

한 예로 조직 생활을 하면서 받는 스트레스의 90% 이상이 인간관계 때문이라는 연구조사가 있다. 일 자체로부터 받는 스트레스보다 함께 일하는 동료로부터 받는 스트레스의 강도가 훨씬 높다는 것이다.

인간관계로 인한 스트레스를 없애고 싶다면 아예 사람들을 벗어나 홀로 사는 길을 택하거나, 반대로 인간관계의 굴레에 적극적으로 뛰어들어야 한다. 결국 자신의 인간관계를 향상시키기 위해 노력하고 그것을 즐기는 것이 최선이라는 결론에 도달한다.

인간관계에 대한 가장 최소한의 원칙으로 논어 위령공편에 나오는 말을 소개하고 싶다.


"기소불욕 물시어인(己所不欲 勿施於人)"

자신이 원하지 않는 일은 다른 사람에게도 하지 말라는 것이다. 가령 내가 남에게 무시당하는 것이 싫다면 나 또한 다른 사람을 무시하지 말라는 것이니, 사람 사이에 지켜야 할 가장 기본적인 최소한의 도리인 셈이다.

성경에서는 인간관계의 원칙이 좀 더 적극적이고 확장된 표현으로 나타나 있다. 갈라디아서 6장 7절의 말씀이다.

"사람이 무엇으로 심든지 그대로 거두리라"

남에게 대접하면 나도 대접을 받고, 사랑하면 사랑 받는다. 먼저 미소 지으면 그 보답으로 웃음이 오고, 좋은 말을 하면 고운 말이 돌아온다. 이것은 모든 나라의 어떤 관계에서도 공통적으로 해당하는 인간관계의 공식이 아닐까 한다.

모든 일들이 잘되어나갈 때는 아무런 문제가 없지만 잘못됐을 때 잘못을 시인하고 책임을 인정하기보다는 이런 저런 핑계를 대며 변명하는 사람들을 보게 된다. 심리학자 프로이드는 이러한 '합리화'가 자신을 보호하려는 심리적 행위라고 말했다. 가령 자신의 부주의함으로 인해 중요한 일을 망쳐버렸다고 할 때 너무 심한 자괴감과 고통에 빠지는 것을 막기 위한 방어기제로 사용한다는 것이다.

그러나 인간관계의 측면에서 본다면 이런 식의 자기합리화는 전혀 도움이 되지 않는다고 생각한다. 자신의 행동에 대해 책임질 줄 알아야 성숙한 관계를 이어나갈 수 있고, 어떤 일이든 함께 도모할 수 있기 때문이다.

사람들 중에 종종 심지도 않고 열매를 기다리는 경우를 보게 되는데 '주는대로 받는다'는 원칙에서 예외가 되기를 바라는 것 같다. 그런데 심는대로 거둔다는 이 원칙에서 재미있는 것은 땅에 나무를 심으면 그 나무에서 열매를 거두지만 인간관계에서는 얼마든지 다른 곳에서도 열매가 맺어진다는 사실이다. 심은 그 땅에서 열매가 열리지 않더라도 포기하지 않고 인내하면 전혀 예상치 못한 곳에서 선물처럼 커다란 열매가 맺어지는 것을 수없이 체험했다.

미국의 프린스턴대학교 총장이었던 존 히븐 박사는 "교육이란 인생의 상황에 대처하는 능력이다."라는 말을 했다. 이 말을 그대로 인용해 경영의 성공 비결을 묻는 이들에게 대답해드리고 싶다.

"경영이란 다양한 사람들과의 관계에서 지혜롭게 대처하는 종합적인 능력입니다."

# 4장

## 사랑은 나눌수록 커진다

예술의 가장 높은 경지에 있는 것은 봉사다.
진정한 봉사는 환희를 불러온다.
| 간디 |

# 김치에 담은 사랑

(주)에스씨엘은 국내외 여러 곳에 생
산공장을 두고 있다. 그 가운데 충남 당진 공장에서 근무하는 직원
100여 명은 10년 넘게 가을마다 연례행사처럼 하는 일이 있다. 사랑
의 김장김치 나눔 행사다. 김장철이 되면 직원과 가족들까지 30여 명이
공장에 모여 200포기에서 300포기가량 김장 김치를 만들고, 그 지역에
사는 독거노인들에게 전달한다. 매 끼니 반찬을 걱정해야 하는 노인들
에게 김치는 꼭 필요한 것으로, 참 좋은 선물이 아닐 수 없다.

김치를 담그려면 사랑과 정성이 담겨야 한다. 배추를 사서 소금에
절이고 양념을 만들어 일일이 속을 넣고 익히기까지, 모두 수작업으로
진행된다. 이 일을 통해 직원들이 흐뭇하고 행복해하는 모습을 보게
된다. 자신의 정성과 사랑이 이웃에게 기쁨을 주는 모습을 보면서 스

스로도 보람과 자긍심을 느끼게 되기 때문이다.

프랑스의 철학자이자 신학자로 아프리카에 람바르네 병원을 설립했던 슈바이처 박사는 다음과 같은 말을 했다.

"정말 행복한 사람들은 어떻게 봉사할지를 찾고 발견한 사람들이다."

나의 작은 관심과 희생, 노력과 봉사로 인해 기뻐하고 감사하며 삶의 작은 소망을 가지는 사람들이 생겨난다. 그러나 그러한 봉사를 통해 더욱 많은 수혜를 받는 사람은 바로 나 자신이다. 다른 사람들을 향한 관심과 사랑은 항상 나 자신을 먼저 채운 뒤에야 비로소 흘러넘치기 때문이다. 그래서 항상 누군가를 도울 때 베푼다는 마음보다는 낮은 자세로 섬긴다는 마음을 갖도록 노력하고 있다.

김치 한 통의 원가가 얼마나 될까? 액수는 크지 않지만 거기에 사랑이 담기게 되면 값을 매길 수 없는 무형의 선물로 둔갑하게 된다. 나눔과 기부, 봉사에 대한 명사들의 어록에도 이와 같은 내용들이 담겨 있다.

"마음은 팔 수도 살 수도 없지만, 줄 수 있는 보물이다" - 플로베르

"자신을 지키기는 엄격히 하되 남을 위한 베풀기는 널리 하는 것이 착한 도리이다." - 맹자

"벌 수 있는 모든 것을 벌어라. 절약할 수 있는 모든 것을 절약하라. 그래서 모을 수 있는 모든 것을 모아라. 그리고 줄 수 있는 모든 것을 주어라."
– 존 웨슬리

"나누는 사람은 가난해도 부자이다." – 오웅진 신부

"누구도 그가 받은 것으로는 존경받지 못한다. 존경심은 그가 나누고 준 것에 대한 보상이다" – 캘빈 쿨리지

| 이웃사랑 김장담그기 행사에서 직원들과 함께

이 명언들에서 발견되는 공통점은 자선과 나눔이야말로 삶을 풍요롭고 의미 있게 하며 살아가는 원동력이 된다는 것이다. 좋은 마음으로 자선활동에 관심을 갖는 사람들은 누구나 남을 돕고 지원하겠다는 마음으로 시작한다. 그러나 꾸준한 실천으로 봉사가 생활화되면 어느 순간 봉사의 새로운 경지를 맛보게 된다. 타인을 통해 스스로를 발견하며, 자신의 삶을 좀 더 역동적으로 이끌게 되는 것이다.

학비가 없어 공부를 중단해야 했던 학생이 장학금을 지원받아 세계적인 인물로 우뚝 서게 된다면 액수는 미미했어도 상록수장학재단의 장학금이 마중물 역할을 한 셈이 될 것이다. 다양한 경로와 방법으로 더 열심히 나누고 봉사하며 살아야겠다는 다짐을 하게 되는 이유가 바로 여기에 있다.

1883년, 미국 오하이오주에 사는 평범한 크리스천인 루신다 볼드윈 여사는 잘 알지도 못하는 먼 나라 조선의 여성 교육을 위해 써 달라면서 자신이 출석하는 감리교회에 88달러를 기부했다. 이 돈은 미국 감리교 해외여성선교회에서 조선으로 파견한 선교사 메리 스크랜튼에게 전달되어 우리나라 최초의 사립 여성교육기관인 이화학당을 설립하는 데 사용됐다.

제1대 이화학당의 교장으로 취임한 스크랜튼의 교육이념은 기독교 교육을 통해 한국 여성들을 '더 나은 한국인으로 양성하는 것', 즉 한국인의 긍지와 존엄성을 회복하고 진정한 한국인을 육성하는 것이었다.

    1887년 2월, 고종황제가 교명과 현판을 하사함으로써 이화학당은 국가로부터 공식적으로 인정 받는 최초의 근대식 여학교가 되었다. 이화학당은 오늘날 이화여중고와 이화여대로 이어지는 명문 사학이 되었다. 88달러의 기부가 130여 년이 지난 지금 세계적인 여성 인재의 산실로 성장하게 된 것이다. 기부의 열매가 참으로 무한하고 귀한 것임을 다시 한번 느끼게 된다.

    올해 당진 공장의 김치 봉사에는 나도 참여해서 앞치마를 두를 생각이다. 작은 일이지만 내가 버무린 김치를 맛있게 드실 어르신들을 생각하면 벌써부터 흐뭇하고 즐겁다.

# 대를 잇는
# 아너 소사이어티 정신

인생 행로에서 가족은 무엇과도 바꿀 수 없는, 든든한 힘이 되어주는 울타리 같은 존재다. 밖에서 힘들고 복잡한 일이 있더라도 집에 돌아가 가족들의 인사와 위로를 받으며 식탁에 마주할 수 있다는 것은 커다란 행복이다.

맏아들이 결혼하면서 손자가 둘 생겨났다. 내리사랑이라는 말이 있듯이 친자식 이상으로 예쁘게 느껴진다. 손자가 태어날 때마다 유니세프에 1:1 결연을 맺어주었다. 출생과 함께 어려운 이웃을 돕는 선한 마음을 심어주고 싶어서다.

부모나 할아버지가 자신의 출생을 기념해 그 기쁨을 나눔으로 표현했다는 사실, 언젠가 그것을 인식했을 때 나눔에 대한 진정한 가치를 발견할 수 있으리라 생각한다.

유니세프는 한국전쟁 중이던 1950년에 우리나라에 분유와 담요, 의약품 등 긴급 구호물자를 대량 지원해 준 기구다. 이후로도 43년간 한국의 경제 발전 단계에 맞춰 농어촌 어린이 영양 개선, 저소득층을 위한 유아교육 등 꾸준한 지원을 계속해 왔다.

1994년 1월 1일, 마침내 우리나라에도 유니세프 한국위원회가 설립됨으로써 세계 최초로 도움을 받는 나라에서 다른 개발도상국을 도와주는 나라로 발전했으니 참으로 감회가 새롭다.

큰아들 부부는 두 손자의 이름으로 유니세프에 꼬박꼬박 후원금을 보낸다. 후일 자녀들이 물었을 때 지구촌의 어려운 사람들을 잊지 말라는 뜻에서 결연을 맺었노라고 말해주기 위해서라고 한다. 작은 나눔이 이웃들을 기억하고 돕는 씨앗이 되기를 바라는 것이다.

언제부턴가 두 아들도 나눔을 실천하는 일에 앞장서고 있다. 그동안 상록수장학재단을 세우고 활동하는 모습을 보면서 자연스럽게 따라하게 된 것 같다.

언젠가 삼부자(三父子)가 모은 헌혈증 100장을 백혈병 환자들을 위해 써달라며 기증했다는 기사를 본 적이 있다. 내용을 보니 헌혈을 꾸준히 해 온 아버지의 뒤를 이어 두 아들도 헌혈을 함께 했고, 이웃 봉사와 나눔에도 앞장서 왔다는 내용이었다.

'아들은 아버지를 보며 자란다'고 하더니 과연 그 말이 사실이라는 생각이 든다. 나누고 베푸는 것을 즐기는 가풍도 제2의 유전처럼 대대로 이어지는 것 같다. 내가 나눔과 봉사에 관심을 갖게 된 데에도 무엇이든 나누기를 좋아하신 부모님의 영향이 크기 때문이다.

　사업이 안정되고, 회사 경영이 확대되면서 나눔의 폭을 넓혀 중국 심양에 교회 두 곳을 더 세우고 2010년부터 매년 1억 원씩 기부하기로 했다. 국립암센터와 숭실대학교, 평화통일세움재단, 김천시 인재양성재단, 상록수교회 청소년사역부, 김천대학교 발전기금 등에도 1억 원씩을 기부했다. 사랑의 열매로 널리 알려져 있는 사회복지공동모금회에는 아내와 함께 아너 소사이어티 부부 기부자가 되었다.

　아너 소사이어티는 고액 기부자 클럽으로서 사회복지공동모금회가 2007년 12월에 설립한 모임이다. 아너 소사이어티 회원이 되려면 일시 또는 누적으로 1억 원 이상 기부해야 하는데 개인 기부의 활성화를 도모하고 한국형 노블레스 오블리주 문화를 선도하자는 취지에서 만들

| 2013년 사랑의 열매 패밀리 아너스 클럽에 등록하면서

어졌다.

　사회적 약자나 어려운 환경의 사람들을 도우려는 마음이 가장 잘 응축되어 탄생한 모임이 바로 아너 소사이어티 클럽이라고 할 수 있다. 기업인, 전문직, 자영업자, 공무원, 연예인, 스포츠인 등 다양한 영역에서 참여해 기부문화를 확산시키는 역할을 하고 있다.

　2013년 5월에는 가족이 함께 가입하는 패밀리 아너스 클럽도 발족돼 부부 회원 45쌍과 온 가족 아너 등 모두 61가족, 128명이 패밀리 아너로 등록돼 있다. 나 또한 2012년에 150호 아너 소사이어티 회원으로 등록되었고, 여기에 아내도 291호로 참여해 부부 10호 회원가족으로 함께 활동하고 있다.

　고소득자나 자산가가 아닌 사람들 가운데에도 아너 소사이어티 회원들이 많이 있다. 이 특별한 사람들은 적은 금액으로 시작해 평균 18년쯤 지나 누적 기부금이 1억 원을 넘으면서 아너 소사이어티 회원이 된다. 한번에 불쑥 돈을 낸 것이 아니라 평소에 늘 적은 돈이라도 나누고 베푸는 것을 생활화한 것이다. 이들이야말로 진정한 물질의 가치를 깨달은 사람들이라고 생각한다.

　경남 통영에서 젓갈 가게를 운영하는 한 할머니는 사망한 아들의 보험금을 기부했다. 남편과 사별한 김 할머니는 아들이 교통사고로 사망하자 보상금으로 지급된 2억 5,500만 원을 내놓았다. 할머니는 공동모금회에만 기부한 것이 아니라 인근의 초등학교와 중학교에도 장학금을 냈고, 복지재단에도 기부했다.

현역에서 은퇴한 뒤 10년간 대학교 경비원으로 근무하면서 모은 1억 원을 기부해 아너 소사이어티 회원이 되신 분도 있다. 또한 평생 근검 절약해서 모은 거액을 아낌 없이 쾌척한 회원들도 있어 훈훈한 감동을 주고 있다.

2013년 말에 사회복지공동모금회가 매년 개최하는 '아너 소사이어 티 4차 총회'에서 연락이 왔다. 나에게 대상을 준다는 것이었다. 관계 자는 "본인뿐만 아니라 가족과 지인들도 나눔에 동참할 수 있도록 주변 사람들을 독려했던 공을 높이 평가했다"고 선정 배경을 설명해 주었다. 감사한 마음으로 상을 받으면서 아너 소사이어티 홍보대사가 되어 기부문화를 더욱 폭넓게 퍼뜨려야겠다는 다짐을 했다.

하루에 만 원씩 모아 매년 365만 원으로 암센터 입원 환자나 불우 이웃을 돕는 것도 이제는 자연스러운 삶의 일부가 되었다. 매사 기부 에 관심을 갖고 생활하다 보니 내가 돈을 쌓아놓고 기부하는 것으로 생각하는 이들도 있다. 하지만 나는 웬만하면 비행기 좌석도 일반석 을 이용하고 술, 담배도 하지 않는다. 이렇게 절약한 돈을 모아 필요 한 곳에 내놓는 것이다.

동서양의 수많은 스승들이 물질을 초월한 삶에 대해 이야기한다. 돈에 현혹되지 말고 가진 것들을 선하게 나누어야 한다고 말한다. 그 러나 이것은 이론일 뿐, 실생활에서 지키기는 쉽지 않다. 아직은 많이 부족하지만 대가를 바라지 않는 나눔과 섬김의 정신이 자녀와 손주들 에게까지 이어지기를 소망한다.

# 기부자조언기금 1호

기부자조언기금(Donor Advised Fund)을 한마디로 정의하면 재산 기부자의 의사에 따라 기부금이 운영되는 것을 뜻한다. 선진국에서는 이러한 기금 운용 방식이 활성화되어 있지만, 기부문화가 부족한 한국에서는 이러한 방식에 대해 잘 모르는 경우가 대부분이다.

기부에는 여러 가지 형태가 있지만 이 제도는 많은 장점을 갖고 있다고 생각한다. 기부금을 내는 데 그치지 않고 그 돈이 어디에서 어떻게 쓰이는지, 열매를 잘 맺고 있는지 확인하고 보람을 느낄 수 있다면 더욱 많은 사람들이 기부에 참여할 것 같아서다.

사회복지공동모금회는 2012년 4월에 S금융기관과 연합해 기부자조언기금 협약식을 가졌다. 두달 뒤인 6월에 S금융기관에서 기부자조언기금 상품인 '도네이션(Donation)'이 출시되었으며 여기에 내가 처음으로 가입하게 되었다.

2012년 9월 5일, 서울 중구 정동에 있는 사랑의 열매 회관 대강당에서 '기부자조언기금 1호' 가입식을 했다. 이 기금은 나의 의견을 충분히 존중하고 반영해서 평소에 도움을 주고 싶었던 저소득 가정의 의료비와 교육비로 지원하게 되었다.

기부금이 효과적으로 잘 운영되는 것을 직접 확인하고 보람을 느낄 수 있다면 나누고 베푸는 일에 더욱 열심히 참여하도록 동기부여가 될 수 있을 것이다. 2008년에 상록수장학재단을 설립한 이후, 단순히 장학금을 지원하는 것에 그치지 않고 지속적으로 학생들을 관리하고 캠프를 열어 도전 정신과 비전, 꿈을 심어주는 것도 비슷한 이유에서다.

기부자조언기금 제1호라는 타이틀이 붙어서인지 가입식 행사는 언론의 집중 조명을 받았다. 모두들 새로운 기부 방식의 적용을 환영하며 기사를 내는 바람에 본의 아니게 매스컴에까지 소개되었다.

이후 기부자조언기금을 낸 분들이 많이 나온 것으로 알고 있다. 첫 단추를 낀 입장에서 이 기금이 잘 운용돼 도움이 필요한 우리 이웃들에게 더 많이 돌아갈 수 있기를 바라는 마음 간절하다. 우리 주변에는 마음만 먹으면 나눔을 실천할 수 있는 방법이 많이 있다.

국제 NGO 단체에서는 매년 신생아 모자 뜨기 캠페인을 펼치고 있다. 아프리카에서 태어나는 아기들 가운데 매년 100만 명이 넘는 아기가 만 하루를 넘기지 못하고 출산합병증으로 사망하는데, 작은 모자가 이들의 생명을 돕는 역할을 하기 때문이다.

이들을 살리는 방법은 어렵고 거창한 것이 아니라 탯줄을 자르는 살균된 칼과 폐렴을 치료하는 항생제 몇 알 그리고 마실 수 있는 깨끗한 물과 같은 것들이다. 너무나도 간단하게 마련할 수 있는 것들이어서 오히려 슬퍼진다. 고작 그 몇 가지 물건들 때문에 아이들이 죽어간다는 말인가, 하고.

조산과 저체중, 영양부족으로 면역성이 떨어지는 신생아들은 털모자를 씌우고 포대기로 감싼 후 품에 안는 것만으로도 생명의 힘을 키워나갈 수 있다고 한다. 신생아들에게 보내는 작은 털모자 하나가 한 생명을 살리는 것이다.

| 기부자조언기금 1호 행사를 가진 후 참석자들과

큰 액수의 기부가 아니더라도 작은 정성과 사랑만으로 충분히 값진 나눔을 펼칠 수 있다. 금액의 크기보다 소중한 것은 사랑을 나누는 마음의 크기다. 나의 자그마한 정성과 사랑이 한 사람의 생명을 살리고 위기를 극복하게 할 수도 있다는 것은 참으로 놀랍고도 감사한 일이다.

# 아름다운 납세자상

2014년 3월, 국세청에서 '아름다운 납세자상'을 준다는 연락이 왔다. 무슨 영문인지 알아보니 회사의 세금을 성실하게 납부하고, 공인된 사회복지기관에 기부금을 낸 액수가 30억 원이 넘어 시상이 결정되었다는 것이었다. 생각지도 못한 상을 받게 되어 기쁘고 감사했다.

아름다운 납세자 명단은 모두 33명으로 발표됐다. 아마 매년 3월 3일이 납세자의 날이라서 그런 것 같다. 이렇게 훌륭한 분들도 계셨구나 할 만큼 각계 각층의 많은 분들이 수상하는 모습을 보면서 그 자리에 함께 하고 있다는 뿌듯함과 더불어 책임감이 느껴졌다.

세금 내는 것을 억울하게 생각하는 사람들도 많을 줄로 안다. 힘들게 일해서 번 돈을 왜 이렇게 많이 내야 하는가 싶을 수도 있다. 그러나 아무리 잘나고 똑똑한 사람이라 해도 깊은 산속에서 혼자 커다란 부를 쌓을 수는 없다. 그 안에서 무엇을 찾아내든 아무리 대단한 발명을 하든 결국은 다른 사람들과 연결이 되어야만 하는 것이다.

가령 자동차 부품을 만드는 우리 회사가 잘 되기 위해서는 우선 자동차를 만드는 회사에서 우리 부품을 구매해야 한다. 영업사원들이 판매도 잘해야 하며 무엇보다 그 차를 사주는 고객들이 있어야 모든 것이 가능해진다. 나 혼자 노력해서 일궈냈다고 생각하지만 사회적 기반이 없었다면 과연 얼마만큼의 가치를 만들어 낼 수 있었을까.

세금은 보이지 않는 조력자에 대한 월급이라고 생각한다. 또한 세금을 많이 낸다는 것은 그만큼 번 것이 많다는 뜻도 된다. 어느 책에선가 보았는데 세금을 낼 때 많은 돈이 나간다고 생각하기보다 내가 이렇게 많은 돈을 벌었구나 하고 생각하면 사업이 잘되고 있다는 긍정적인 마인드가 머리에 입력되어 더욱 잘된다고 한다. 어차피 낼 거라면 기쁘게 좋은 마음으로 내라는 것이다.

또 세금을 잘 내면 무서울 것이 없다. 어디서든 당당하고, 불안해 할 필요 없이 사업을 펼쳐갈 수 있으므로 오히려 더욱 큰 힘을 발휘할 수 있다. 이처럼 철저한 준법정신 아래 책임과 의무를 다하는 것이 결과적으로는 이익이 되기 때문이기도 하지만 무엇보다 크리스천으로서 스스로의 신앙적 양심에 따르는 것이 가장 소중하다고 생각하기에 기업가로서 나는 성실하게 사업을 하고, 또 번만큼 정당하게 세금을 내고 있다. 이웃과 사회를 위해 나누고 베푸는 일을 이어가기 위해서다.

돈은 버는 것보다 쓰는 것이 더 힘들다는 말이 있다. 잘 쓰면 약이지만 자칫 잘못 사용하면 독이 될 수도 있기 때문이다. 이 말을 늘 마음에 담아두면서 정부에서 준 '아름다운 납세자'라는 명칭에 누가 되지 않도록 남은 삶도 많이 벌고 많이 내어 봉사하려고 한다. '아름다운 기업인'으로 오래도록 기억되고 싶어서다.

| 국세청에서 열린 아름다운 납세자상 시상식 수상자들과 함께

# 도움은 주고받는 것

인생에서 위기는 누구에게나 있다. 위기는 기도와 믿음을 통해 신앙으로 이겨내기도 하지만 귀한 만남을 통해서 극적으로 타결되기도 한다.

올해 40주년을 맞은 우리 회사가 고속성장을 거듭하고 다방면으로 사회에 공헌할 수 있었던 것은 나 혼자만 잘해서 된 것이 결코 아니다. 항상 곁에서 힘이 되어준 가족과 이웃, 동료와 직원들이 있었기 때문에 가능한 일이었다.

돌이켜보면 생각지도 못했던 놀라운 기적들이 일어난 배경에는 항상 좋은 사람들과의 만남이 있었다. 다양한 경험을 통해 도움은 일방적인 것이 될 수 없다는 것, 결국 주고 받음으로써 균형이 맞춰진다는 것을 깨달았다. 내가 삶 속에서 많은 분에게 도움을 받았던 것처럼 나 역시 누군가 어려울 때 도움을 주어야 함을 알기에 가능하면 그렇게 하려고 노력한다.

나보다 일곱 살이 많아 형님으로 모시며 친하게 지내온 L회장이라는 분이 있었다. 처음 그를 만난 것은 광산용 기계부품을 납품하던 스물다섯 살 때였는데 당시 창업을 한 L회장과 일거리를 주고 받으며 가깝게 지냈었다.

사업도 크게 하며 한때 잘 나가던 L회장은 외환위기 때 잠시 휘청거리긴 했지만 위기를 잘 넘겼었는데 2001년에 부도를 맞고 말았다. 은행권은 사정을 봐주는 법이 없다. 부도가 나면 곧장 공장이 경매에 넘어가고 도산의 순서를 밟게 된다.

L회장의 공장은 땅만 7,000평에 이르고 건물이 1,200평이나 될 정도로 규모가 커서 한순간에 무너지는 것을 지켜본다는 것은 너무도 안타까운 일이었다. 우연한 기회에 사정을 알게 되었는데 당장 5억 원을 마련하면 경매 중인 공장을 찾을 수 있고, 그렇지 않으면 수십 년간 쌓아올린 업적이 모두 남의 손에 넘어가는 상황이었다. 그렇게 되면 L회장은 한 푼도 건지지 못하고 빈손이 되어야 했다.

당시 위기에 몰린 L회장을 도와줄 사람은 아무도 없었다. 주위에서는 모두 말렸지만 나는 L회장을 은행으로 오시라고 해서 채권최고액 6억 원에 대한 보증을 섰다. 모두가 외면할 때 사회에서 만나 호형호제 하며 친하게 지내던 내가 거금을 마련해 주니 L회장은 감격해서 어쩔 줄 몰라 했다.

"이 사장, 날 뭘 보고 이렇게 도와주나. 잘못되면 그 돈도 다 날아가는데."

"형님, 제가 형님 좋아하잖아요. 평생 일군 기업이 남에게 넘어가는 것을 제가 못 보겠어서 그래요. 이제 용기를 내시고 다시 회사를 일구세요. 응원합니다."

L회장은 예상치 못했던 나의 도움에 눈물을 글썽거렸다. 이후 용기를 내어 어려움을 딛고 재기에 성공해서 지금까지 회사를 잘 운영하고 있다. 이 일을 통해서 나의 작은 도움이 상대에게는 엄청난 힘이 될 수 있다는 것을 느꼈다.

이처럼 인간관계에 있어서 고마움과 의리는 매우 중요하다. 그러나 더 소중한 것은 하나님과의 신앙적인 관계를 잘 맺어나가는 것이다. 나 역시도 위기의 순간에는 하나님을 찾아 눈물로 도움을 간구하다가도 사업이 잘 되고 모든 것이 잘 풀리게 되면 어느새 신앙이 느슨해지는 경험을 했었다.

그래서 나에게도 고난이 필요했던 것일까? 힘들고, 병들고, 고난 중일 때 믿음은 더욱 크게 성장한다. "고난이 내게 유익이라"는 시편의 말씀이 떠오른다.

사업이 잘 될 때 더 긴장하며 넘어지지 않도록 조심할 일이다. 잘 될 때 더욱 열심히 하나님을 섬기고 기도와 말씀을 실천하며 살아야 한다는 것이 오랜 신앙생활의 경험에서 체험한 진리다.

내가 가장 좋아하는 성경 말씀 중의 하나가 바로 시편 23편이다.

"여호와는 나의 목자시니 내게 부족함이 없으리로다. 그가 나를 푸른 풀밭에 누이시며 쉴 만한 물가로 인도하시는도다. 내 영혼을 소생시키시고 자기 이름을 위하여 의의 길로 인도하시는도다."

이 구절은 하나님을 의지하며 살아가는 사람들에게 주는 최고의 격려가 아닌가 한다. 꿈을 갖고 노력하며, 걱정하지 말고 성취하며, 구한 것을 나누는 것, 이러한 삶의 기쁨을 놓치지 않고 싶다.

| 에스씨엘 부천 사무실에서

# 박사 위에 밥사,
# 밥사 위에 감사

　　　　　사회생활을 하면서 나름대로 지키
는 삶의 원칙 세 가지가 있다. 바로 '밥을 잘 사라'는 것과 '은혜를
갚아라' 그리고 '삶에 감사하고 봉사하라'는 것이다.

　오랜 사회생활을 통해 자연스럽게 알게 된 것 중의 하나가 사람은
먹으면서 친해진다는 사실이다. 아마도 인간의 욕구 중에 가장 원초적
인 식욕을 함께 해결하면서 동지애를 느끼게 되는 것이 아닌가 싶다.

　대부분의 사람들이 제때 식사를 챙기지 못하면 신경이 날카로워진
다. 반면 밥을 먹고 에너지가 충전되면 한결 여유롭고 부드러워지는
경향이 있다. 그러므로 식사를 하며 나누는 대화는 그냥 만날 때와
달리 훨씬 화기애애한 분위기를 만들어 낸다. 또한 상대방의 성격이나
식성, 분위기까지 고려해서 대접하는 식사는 최고로 존중받는다는 느

낌과 함께 상대에게 좋은 이미지를 심어주게 된다.

밥을 나누는 일이 대인관계에서 정말 중요하다고 생각한 나는 사업 초기부터 '밥 잘 사는 사장'으로 알려졌다. 그리고 이러한 노력은 대인관계를 넓히고 소통으로 이해의 폭을 넓히는 데 큰 몫을 해주었다. 그래서 나는 시간과 기회가 되면 식사를 나누며 서로 교제하려고 한다. 상황에 따라 그것이 자장면 한 그릇일 수도 있고 고급 요리가 될 수도 있지만 중요한 것은 상대를 대접하고 배려하려는 마음이다. 격의 없이 나누고 베푸는 가운데 마음의 문이 열리기 때문이다.

내가 만나는 수없이 많은 사람들 가운데 성공한 분들이 가지는 공통점 중의 하나가 바로 밥을 잘 산다는 것이었다. 간혹 충분히 밥을 살 만한 위치와 형편에 있으면서도 의외로 인색한 사람들을 보게 된다. 작은 것 때문에 더 큰 것을 놓친다는 생각이 든다.

그래서 회사에서 일하고 있는 아들에게도 항상 밥을 잘 사라고 강조한다. 언제 어디서든 먼저 대접하고, 식당에서는 절대 신발 끈 매는 행동을 하지 말라고 당부한다. 다만 연장자에게는 자칫 건방져 보일 수 있으므로 상황에 따라 지혜롭게 대처할 필요가 있다.


**"무엇이든지 남에게 대접을 받고자 하는대로 너희도 남을 대접하라"**


일명 황금률이라고도 불리는 마태복음 7장의 이 말씀은 2000년 전 예수님의 말씀이지만 현대 사회에서도 여전히 진리로 이어져 오고 있다. 남을 잘 대접하면 다른 사람으로부터 대접 받을 것이다. 마찬가지로 도움을 받았을 때는 반드시 은혜를 갚아야 한다. 다른 사람으로부터 받은 도움과 격려를 기억하고 그 고마움을 당사자가 아니더라도 다른 누군가에게 되돌려주어야 하는 것이다.

살아가면서 많은 사람들과 더불어 도움을 주기도 하고 받기도 하지만 많은 경우 내가 남에게 준 것은 항상 기억하면서 받은 것은 쉽게 잊어버리는 경향이 있다. 스스로 도움을 받을 만했다고 생각해 시간이 흐를수록 감사지수가 낮아지는 것이다.

반면 내가 결정적으로 도움을 준 경우, 상대가 그것을 잊으면 굉장히 섭섭해 한다. 행복하고 싶다면 그 반대로 살아야 할 것 같다. 내가 도움을 준 것은 빨리 잊어버리고, 남에게 받은 은혜는 잊지 않고 마음속에 간직한다면 항상 감사함으로 충만해지지 않을까?

내 경우도 사업에서 숱한 우여곡절을 겪으며 많은 사람들과 도움을 주고받았다. 인생과 사업이 절체절명의 위기에 직면했을 때 마치 슈퍼맨처럼 훌쩍 날아와 문제를 해결해주고 조용히 사라진 천사들도 많이 있었다.

나는 이들에 대한 고마움을 늘 마음속 노트에 차곡차곡 담아 놓고 있다. 나 또한 언젠가 다른 사람에게 천사가 되어줄 수 있도록, 마음과 물질을 나누는 일에 게을러지지 않도록 노력하기 위해서다.

행복은 물질만으로는 채워지지 않는다. 인간의 욕망이란 이루고 또 이루어도, 아무리 큰 것으로 채워도 점점 더 큰 것을 요구하는 속성을 갖고 있기 때문이다. 욕망의 허허로움을 진정으로 의미있게 채워줄 수 있는 것은 바로 감사하고 봉사하는 일이다.

아프리카 난민지역에 가보면 밥을 먹을 수 있다는 것에 감사하고, 병원에 가서 치료받을 수 있다는 것에 감사하게 된다. 문명의 혜택을 입고 자유로운 대한민국에 사는 것, 내 몸을 눕힐 수 있는 따뜻한 집과 가족이 있다는 것, 학교에 다니고 직장에 다니고 가정을 보살필 수 있는 것들 모두 감사의 조건이 된다. 우리 주변에서 감사할 일을 찾아보면 얼마나 많은지 모른다.

감사를 한 단계 넘어서는 것이 봉사라고 생각한다. 자신의 시간과 물질, 재능을 나누어주는 봉사는 희생이 있어야 가능하기 때문이다. 다행히 요즘은 30~40대를 주축으로 해서 봉사 문화, 기부 문화, 재능 기부와 같은 이름의 다양하고 활발한 움직임이 일고 있는 추세다. 아직까지는 국민총생산 중 기부금이 차지하는 비율이 선진국에 비해 낮다고 하지만 머지않아 선진국 대열에 올라서게 될 것이라고 믿는다.

'주는 자가 받는 자보다 복되고 행복하다.'는 말이 있다. 정말 맞는 말이라는 것을 체험으로 알았다. 나 또한 상록수장학재단을 설립하고 국내외에서 봉사를 실천하면서 인생의 진정한 가치와 행복을 찾았기 때문이다. 봉사를 통한 행복론은 내가 초청받아 나가는 강의나 간증에서 언제나 빠지지 않는 핵심 메시지이다.

나의 이러한 삶의 원칙을 '박사보다 밥사, 밥사보다 감사'라고 표현한다. 석사, 박사랍시고 목에 힘 주고 다니는 사람보다 밥 잘 사는 사람이 더 좋고, 매사 감사하며 사는 사람이 더 훌륭하다는 얘기다. 물론 이 모든 것들을 단숨에 제압하는 최고의 학위는 '봉사'일 것이다. 우리는 지금 어떤 학위를 갖고 있을까?

| 최일도 목사님이 운영하는 '밥퍼' 현장에서

# 병 낫기를 원하면
# 베풀어라

어렸을 적에 시골에서는 보따리를 이고 다니며 물건을 파는 방울장사들이 있었다. 며칠씩 집에도 들어가지 못하고 객지를 떠돌며 장사하는 사람들이었다. 이들이 찾아올 때면 어머니는 밥도 해주고 따뜻한 방에서 재워 보내곤 했다.

손님이 왔을 때도 결코 빈손으로 그냥 보내는 법이 없었다. 간혹 친척이 오면 돈을 꾸어서라도 차비를 건넸고 뭐 하나라도 손에 들려 보내셨다.

내가 태어난 대덕면 관기리에는 아버지와 큰아버지, 작은아버지까지 삼형제가 모여 살았다. 그중 한 집이 시장에서 고기라도 한 근 사오는 날엔 세 일가가 모여 잔치가 벌어졌다.

형제 간에 우애도 좋았지만 그 시절의 시골 인심으로는 서로 베풀고 나누는 것이 당연한 일상이었다. 가난한 시골 마을이었음에도 서로 주고 받을 것들은 얼마든지 있었다.

나눔은 가진 것이 많을 때만 할 수 있는 것이 아니다. 반찬 한 접시도, 아파서 누워 있는 사람에게는 너무나 고마운 나눔이다. 누군가에게 도움이 되었음을 느낄 때 우리는 자존감이라는 최고의 선물을 되돌려 받는다. 봉사와 나눔이야말로 자존감을 높이는 가장 간단하고도 쉬운 방법인 것이다.

많은 이들이 가진 것이 없어서 나눌 것도 없다고 생각한다. 돈을 많이 벌면 그때부터 남을 돕겠다고 말한다. 그러나 내가 가진 재능이나 지식, 건강으로도 얼마든지 남을 도울 수 있다. 만일 돈을 많이 벌어 성공한 뒤에 나누겠다고 생각한다면 나눔은 요원하다. 조금씩 성공을 향해 올라갈수록 '돈을 벌었다'는 기준과 '성공했다'는 기준도 함께 올라가기 때문이다.

나눔에 관심을 갖고 살다 보니 무슨 일이든 마찬가지지만 기부를 하기 위해서도 멀리 보는 안목을 키워야겠다는 생각이 든다. 가령 배고픈 사람에게 당장 밥을 주는 것도 좋지만 결국 그들이 스스로 자립해서 존재감을 갖고 살려면 물질 이외에도 다양한 지원이 필요하기 때문이다.

'기부왕'이라고 하면 많은 사람들이 미국의 록펠러를 떠올린다. 록펠러재단을 만들어 전 세계적으로 기부의 본을 보여준 인물이다. 그는 시카고대학 설립을 위해 무려 6,000만 달러 이상을 기부한 후에도 록펠러재단, 교육재단, 록펠러 의학연구소 등을 설립하면서 3억 5,000만 달러라는, 당시로서는 가히 천문학적인 금액을 기부했다.

그가 이처럼 기부에 최선을 다하게 된 데에는 숨은 일화가 있다. 마흔 네 살에 중병에 걸린 록펠러는 3개월 이내에 목숨을 잃는다는 의사의 선고를 듣고 엄청난 공포감 속에 병원을 나서고 있었다. 그때 복도의 벽에 "네가 병을 낫고자 하느냐? 그러면 베풀어라."라는 표어를 보게 된다.

마침 일곱 살 어린이의 수술비 문제로 아이 엄마와 간호사 사이에 실랑이가 벌어지고 있는 모습이 록펠러의 눈에 들어왔다. 소년의 수술비를 기부하면서 본격적으로 자선사업을 시작하게 된 그는 이후 록펠러재단을 세우게 된다. 병원에 붙어 있던 표어가 적중했던 것일까? 3개월 후에 죽는다던 록펠러는 97세까지 건강하게 장수를 누렸다.

이처럼 숭고한 정신으로 시작된 록펠러 재단이 언젠가부터 초심을 잃고 최근에 이르러서는 안타깝게도 자선단체를 가장한 불법적인 비과세지주회사가 돼있다는 비판을 받고 있다. 세금을 한푼도 안 내면서 돈이 되는 일이라면 유전자 조작이나 생태계 파괴 등도 서슴치 않고 이익의 추구에만 혈안이 돼있다는 것이다.

아무리 좋은 마음으로 시작해도 그 뜻을 지켜나갈 수 있는 장치가 제대로 되어있지 않으면 오히려 사회에 큰 해악이 될 수 있음을 록펠러재단을 통해서 보게 된다.

간혹 우리나라에서도 자선단체의 불법행위가 뉴스에 오르곤 하는데 반면교사로 삼아 최초의 좋은 뜻이 훼손되지 않고 잘 이어질 수 있도록 해야겠다는 생각이다.

한국의 기업인 중에 기부를 많이 실천한 분을 꼽으라면 유한양행을 설립한 고(故) 유일한 박사가 아닐까 한다. 그는 평소에 "기업에서 얻은 이익은 사회에 환원해야 하고 기업의 소유주는 개인이 아니라 사회이며 개인은 단지 관리를 할 뿐"이라는 신념을 실천한 기업인으로 우리의 기억 속에 지금까지 남아 있다. 유한재단을 만들어 다양한 사회공헌사업과 교육사업을 펼쳤으며 그분의 실천 정신은 나눔 운동의 마중물이 되었다는 평가를 받는다.

아직까지 한국은 기부문화에 대한 인식이 부족하다는 말을 듣는다. 서구에서는 사후 재산을 교회나 사회복지단체에 기부하는 경우가 많은데 우리나라는 아직 이런 문화가 정착되지 않았다는 것이다.

그러나 내 고향 관기리에서와 마찬가지로 우리나라 사람들 입장에서는 한 동네 주민들 모두가 가족과 같아서 기부 아닌 기부가 생활화되어 있었다. 다만 이것을 기부가 아니라 정(情)이라는 이름으로 불렀을 뿐이다.

도시화와 핵가족화가 되는 과정에서 과도기적인 현상을 겪었을 뿐, 최근에 이르러서는 기부에 대한 인식이 개선되고 조금씩 기부문화가 발전하고 있다고 한다. 옛 정을 다시 찾아가는 것 같아서 다행스럽고 기쁘다.

# 재경 김천향우회의 비전

　　　　　　　열다섯 살에 고향을 떠나 수십 년을 서울에 터를 잡고 살아왔지만 언제나 내 마음 한 쪽은 부모님이 계신 김천을 향해 있었다. 지금은 많이 변했지만 어린 시절 친구들과 뛰어놀던 동네 어귀와 한눈에 들어오던 전원 풍경은 언제나 나를 동심의 세계로 인도한다.

　나는 김천을 무척 좋아하고 또 이곳 출신이라는 사실에 자부심을 느낀다. 그래서 장학재단 설립 초기에는 김천 지역의 학생들을 많이 지원했으며 김천상록수교회를 설립한 것 또한 이런 마음과 무관하지 않다. 김천상록수교회는 청소년들을 중심으로 성장을 거듭해 지금은 더 큰 장소로 옮겼고 교회의 이름도 바뀌었다.

　오랜 고향 사랑을 마음에만 담아 두지 말고 실천으로 옮겨야 할 때가 되었던 모양이다. 2015년 1월 29일에 재경 김천향우회 회장으로 취임하게 되었다. 사실 그때까지는 사업에 바쁜데다가 주말에는 경영대학원 공부까지 했기 때문에 앞뒤를 돌아볼 새가 없었다. 당연히 향우회에 참석하거나 어떤 활동을 한 적도 없었다.

이런 상황에서 향우회가 어려우니 고향의 발전을 위해 일해달라며 동향 선후배들로부터 연락이 왔다. 너무 갑작스러운 한편 부담스럽기도 해서 처음에는 망설임 끝에 사양했다. 그러나 고향을 위해 좋은 일 좀 하라는 간곡한 청이 계속되면서 어느 순간 고향을 향한 마음이 되살아나기 시작했다.

생판 모르던 해외에서도 봉사를 해왔는데 태어나고 자란 고향을 위한 일이 아니던가. 이번 기회에 향우회장을 맡아서 좋은 일을 해보자는 마음이 들었다. 한편으로는 향우회에서 활동하다보면 자연스럽게 나눔 운동도 확산시킬 수 있으리라는 생각이 들어 회장직을 수락하기로 했다.

회장 취임식 날, 회원들 앞에서 세 가지를 약속했다. 먼저 많은 회원을 확보하여 더욱 탄탄한 조직으로 체질을 바꾸겠다는 것과 두 번째로 경제인의 융합과 인적 네트워크를 만들어 미래지향적인 조직으로 운영하겠다는 것, 마지막으로 기업인과 소상공인들이 모여서 사업 영역을 넓혀갈 수 있는 운동을 펼치겠다는 것이었다.

향우회장직을 거절할 수 없었던 것은 김천 대덕이 내가 태어나고 자란 고향이라는 사실 때문이었다. 김천향우회는 새롭게 도약해야 하는 힘든 상황에 직면해 있었다. 위기를 기회로 삼아 고향 사람들과 더불어 살아가는 향우회를 만들자고 생각했다. 안되면 될 때까지 할 생각이었다.

회장을 맡자마자 교통이 편리한 여의도에 김천향우회 사무실을 마련하고 제일 먼저 김천향우회 안에 봉사 조직인 드림회를 만들었다. 드림회란 말 그대로 '드립니다'라는 뜻이다. 서울에서 활동하는 김천의 기업인과 고위 공직자 52명이 모여 총 1억 1천만 원의 봉사기금을 마련하고 봉사를 시작했다.

그런데 1년 정도 드림회를 중심으로 조직을 이끌다 보니 문제점이 발견되었다. 드림회에 참여하지 못한 일반 회원들과의 사이에 이질감이 발생했고 무엇보다 형편이 어려운 소상공인과 서민들이 드림회에 참여할 수 없다는 단점이 노출된 것이다. 모든 사람들이 함께 참여해서 도움을 주고받을 수 있는 새로운 방향을 모색해야 했다.

# 전국으로 확산되는 나눔2000운동

드림회에서 나아가 좀 더 많은 사람들이 좋은 일에 참여할 수 있는 방법을 모색하던 중 뜻밖에도 작은어머님으로 인해 아이디어를 얻게 되었다. 김천에 가서 오랜만에 작은어머님 댁에 들렀을 때의 일이다. 그동안 잘 지내셨냐고 인사를 나누는데 마치 부끄럼을 타는 사람처럼 손으로 입을 가리고 인사하는 것이었다. 처음에는 그러려니 했는데 찻잔을 가져온 뒤에도 또 입을 가리고는 "조카님, 차 드시게." 하는 게 아닌가.

알고 보니 앞니가 하나도 없어서 다른 사람들 앞에서는 입을 가리고 말하는 게 습관이 돼버린 모양이었다. 내가 알기로 분명히 자녀들도 치아를 해 넣으시라고 수없이 말씀드렸을 텐데 살 날도 얼마 안 남은 터에 뭐하러 돈을 쓰느냐며 고집을 부리신 것 같았다.

손으로 입을 가리고 우물거리던 모습이 마음에 걸려 잊혀지지가 않았다. 돈을 드려도 치료를 받으실 것 같지가 않았다. 어떻게 하면 좋을까 생각하다가 김천의 적당한 치과를 물색해 500만 원을 맡겨 놓고는 전화를 걸었다.

"치과에 돈을 맡겨 놓았으니까 이름 대고 치료 받으세요. 작은어머님이 안 가시면 그 돈은 그냥 떼이는 겁니다. 전 이제 모르니까 알아서 하세요."

어르신들은 대부분 자녀들이 치료비를 드려도 돈을 아끼느라 병원에 안 가시는 경우가 많다. 그런데 치료를 안 받으면 멀쩡한 생돈을 치과에 떼이게 생겼으니 안 가실 수가 있었겠는가. 나중에 들어보니 앞니는 둘째 치고 어금니를 비롯해 안쪽에 있는 치아들도 멀쩡한 게 없어서 무려 석 달에 걸친 대 공사 끝에 건강하게 틀니를 착용하게 되었다고 한다.

틀니를 하고부터 작은어머님의 생활이 180도로 달라졌다. 동네 마실도 잘 나가고 노인회관에 가서 이야기도 나누는 등 활동적이 되었다. 자신감이 생겨서 그런지 얼굴이 달덩이처럼 밝아지고 천사 같이 환한 모습이 되셨다.

그런 모습을 보면서 문득 돌아가신 어머니 생각이 났다. 한평생 농사로 6남매를 키우시느라 제대로 입지도 먹지도 못하고 일만 하시던 부모님을 생각하니 눈물이 났다. 그때부터 노인들에 대해 관심을 갖게 되었다. 많은 어르신들이 치아나 무릎관절 혹은 척추 등 다양한 문제를 안고 살면서도 적극적으로 치료하지 못한 채 살아간다. 돈 때문이기도 하지만 언제 돌아가실지 모르는데 큰돈을 들일 필요가 없다는 인식 때문이기도 하다.

그러나 틀니를 한 뒤 아예 사람이 달라진 듯한 작은어머님을 보고 나니 노인 복지에 대한 생각이 달라지게 되었다. 단 일주일을 살다 가시더라도 그동안 식사 잘 하시고 가고 싶은 곳에 다닐 수 있어야 하지 않을까 싶었다.

어르신들을 도울 방법에 대해 고향에 계신 분들을 찾아 자문을 구했다. 그런 과정을 통해 아동과 청소년들을 위한 장학재단이나 봉사 단체들은 많이 있지만 노인들을 위한 단체가 별로 없다는 것을 알게 되었다.

문득 김천향우회가 나가야 할 방향이 바로 이거라는 생각이 들었다. 이때부터 누구나 월 5,000원이면 함께 참여할 수 있는 '나눔2000운동'을 시작하게 되었다. 김천에서 1,000명, 재경 김천향우회에서 1,000명을 모아 소외되고 어려운 어르신과 이웃들을 위해 적극적으로 나서자는 뜻에서 만들어진 이름이다.

나눔2000운동은 2016년 1월 19일, 여의도에 위치한 글래드 호텔에서 신년회와 함께 발대식을 가졌다. 발대식에는 이철우 김천 지역 국회의원, 박보생 김천시장과 함께 김천시 의회 의원 등 400여 명의 내외 귀빈들이 참석해 축하와 격려를 해주셨다. 실천하는 모습을 보이기 위해 먼저 우리 회사 직원 114명이 가입하는 것으로 시작했다.

나눔2000운동은 2017년 9월 현재까지 약 900명이 동참했으며 매월 1,300만 원 정도의 기부금이 조성되고 있다. 2017년 말까지 1,000명의 회원을 목표로 연간 1억 7,000만 원의 모금액이 달성될 것으로 예상하고 있다.

보다 많은 분들이 참여할 수 있도록 하기 위해 단체 가입도 추진했다. 김천시의회, 김천 석천중학교 교직원, 김천예술고등학교 교직원, 김천 중앙고등학교 교직원, 김천고등학교 교직원, 기아자동차 쌍문대리점 직원 일동, 김천보건대학교 교직원, 김천대학교 교직원 등 많은 분들이 힘을 보태주셨다. 앞으로도 개인 및 단체 가입자가 계속 늘어날 것으로 기대한다.

| 재경 김천향우회가 추진하는 '나눔 2000운동'에 에스씨엘의 전 직원이 가입했다.

지원 대상자를 선정하는 방법은 읍, 면, 동장의 추천을 받아 현장 면담을 진행하고 최종적으로 집행부 전원이 심사를 통해 결정한다. 지금까지 32분께 8,100만 원의 의료비를 지원했다. 나눔2000운동은 김천 뿐만 아니라 전국적으로 형편이 어려운 어르신들과 소외된 분들을 도우며 따뜻한 세상을 만들어가고 있다.

아무리 바빠도 가능하면 김천향우회 사무실에 자주 들러 향우회 업무를 챙기려 노력하고 있다. 매월 25일은 향우회 결산의 날로 집행부가 모두 모여 추진사항 및 예정사항 보고, 수입 및 지출 결산, 나눔 2000운동 지원 대상자 의결, 향우회 활성화 및 발전 방안, 각종 현안 등을 토의한다.

향우회장은 명예직이 아닌 봉사직이다. 이 자리를 맡은 것은 참으로 김천을 사랑하고 향우회를 발전시키고 싶다는 순수한 의지의 발로에 서다. 회사 일이 아무리 바빠도 이 일에 시간을 적지 않게 할애하는 이유이기도 하다.

언젠가는 재경 김천향우회 회원과 김천 시민 모두가 참여해 서로를 돕고 고향 발전을 위해 힘을 합칠 날이 오리라고 믿는다. 그 날이 올 때까지 부족하지만 향우회장직을 잘 수행할 수 있도록 최선을 다하고 싶다.

# 10퍼센트
# 종잣돈의 법칙

　　　　　　　　　　나눔2000운동의 일환으로 한번은
대덕면장의 추천을 받은 부산대 학생과 모친을 만난 적이 있었다. 구
순구개열 증세가 있었는데 집안 형편이 어려워 성인이 될 때까지 수술
을 못 받고 있는 안타까운 상황이었다.

　약속 시간이 밤 9시 무렵이라 마땅히 갈 만한 곳이 없어서 근처 찐
빵집에 들어가게 되었다. 김천에 갈 일이 있는 분이라면 덕곡동의 무실
삼거리에 있는 대박찐빵집에 들러보시기를 권한다. 정말 맛있다.

　빵집에서 수술비 지원 등 많은 이야기를 나누고 돌아가려는 참인데
갑자기 주인아주머니가 다가오더니 "좋은 일 하시는 것 같은데 저도
함께 하면 안될까요?"하면서 한 달에 만 원씩 두 구좌를 가입하겠다
고 하는 게 아닌가?

권유한 것도 아닌데 자발적으로 참여하는 그 마음이 너무 고맙고 아름다웠다. 정말 큰 힘이 되었노라고 말씀드리면서 감사한 마음으로 후원받기로 했다.

이렇게 남을 돕고자 하는 마음을 가진 분이라면 분명 고객을 위해 좋은 찐빵을 만들 것이고 행복 바이러스를 퍼뜨릴 것이다. 과거에 어떻게 살았는지는 중요하지 않다. 누군가에게 도움이 되어주고 싶다는 마음을 갖는 순간부터 삶은 달라진다.

나눔2000운동의 후원구좌가 5,000원인 것도 좀 더 많은 사람들이 부담 없이 참여할 수 있게 하고 싶어서였다. 한 달에 한 번, 부모님께 따뜻한 커피 한잔 대접해 드린다는 마음으로 시작해 보자는 것이다.

간혹 '부자가 되는 방법'이나 '사업 성공의 비결'을 듣고 싶어하는 분들이 있다. 누구에게나 물질에 대한 욕망은 비슷한 것 같다. 결국 돈이 있어야 나눔도 실천하고 자신이 원하는 것들도 마음껏 할 수 있다고 보는 것이다.

이런 질문에 대해 강연에서 자주 쓰는 예화가 있는데 바로 경주 최 부잣집의 가훈이다. 그중에서도 재산을 만 석 이상 모으지 말라는 것과 사방 백 리 안에 굶어 죽는 사람이 없게 하라는 것은 3대가 가기 어렵다는 재산을 12대에 걸쳐 300년이나 지킬 수 있게 해 준 핵심적인 교훈이다.

그러나 사람들은 재산을 지키는 것은 나중 일이고 우선 어떻게 모으는지가 관건이라고 말한다. 사실 재산을 모으는 방법과 지키는 방법에는 차이가 없다.

요즘은 어떤 아이템으로 어떻게 사업하면 성공한다는 등의 정보들이 인터넷에 차고 넘친다. 하지만 똑같은 이야기를 듣고 사업해도 어떤 사람은 대박을 내고 어떤 사람은 1년도 안되어 망하는 것이 현실이다. 나는 그 차이를 10% 종잣돈의 법칙으로 설명하곤 한다.

'농부는 굶어 죽어도 씨앗은 베고 죽는다.'는 말이 있다. 수확한 곡식의 일정량은 다음 농사를 위한 종자로 비축하게 되는데 농부는 이 종자가 다음 해에 땅에 뿌려져 몇십 배의 작물로 돌아올 것을 알기에 아무리 배고픈 상황에서도 절대로 건드리지 않는다.

이러한 종자의 개념은 농부에게만 적용되는 것이 아니다. 농사가 아닌 다른 일을 통해서 들어오는 돈도 마찬가지다. 수입의 일정량을 종잣돈으로 만들어야 그것이 씨앗처럼 자라서 다음 번에 더 큰 수확으로 돌아온다는 것을 기억해야 한다.

여기까지 들은 사람들은 대부분 종잣돈의 개념을 저축이나 자기계발을 위한 투자로 생각하기 쉽다. 그러나 땅에서 얻은 곡식의 일부를 다시 땅에 심듯이 종잣돈은 나에게 돈을 준 대상에게로 돌려주는 것이다.

예를 들어 매월 부모님께 10만 원의 용돈을 타는 학생이라면 그중 1만 원을 따로 모았다가 부모님 생신날 선물을 사는 등 적당한 시기에 부모님께 돌려드리는 것이다. 아마 자녀에게 선물을 받은 부모는 다른 방법으로 더욱 많은 혜택을 돌려주게 될 것이다.

거꾸로 자녀에게 생활비를 받는 부모들도 그중 10%를 자녀를 위해 사용한다면 아마 가정의 분위기가 달라질 것이다. 부득이하게 10%를 돌려줄 수 없는 상황이라면 '내가 자식을 어떻게 키웠는데 얼마 되지도 않는 돈을 나눌 게 어디 있느냐'고 생각하지 말고 감사의 표현으로 물질을 대신했으면 싶다.

그렇다면 직장인들은 급여의 10%를 어디에 어떻게 돌려주면 좋을까? 어떤 회사든 수익을 얻는 대상은 우리가 살고 있는 사회가 될 수밖에 없다. 따라서 공동체를 위해 도움이 필요하고 보람 있다고 생각되는 곳에 나의 돈이 흘러가도록 한다면 시간이 흘렀을 때 반드시 큰 열매로 맺어져 돌아오리라고 생각한다.

조금씩 나눔의 법칙을 실천하고부터 놀라운 행운이 연속적으로 일어남을 체험할 수 있었다. 가령 공장이나 부지를 사게 되면 얼마 지나지 않아 주변 도로가 확장되곤 했는데 화성공장의 경우 비포장도로가 왕복 4차선 도로로 바뀌기도 했다. 가끔씩 무슨 빽이 좋아서 그러느냐는 농담을 들을 정도다. 그럴 대면 나는 그저 하늘을 한번 바라보고 빙긋이 웃는다.

'세상에서 가장 가난한 대통령'이라 불렸던 우루과이의 호세 무히카 대통령은 내가 제일 존경하는 분이다. 그는 재임 중 천만 원이 조금 넘는 월급의 90%를 무주택자의 집짓기 등 복지단체와 정당에 기부했다고 한다.

재산이라고는 녹슬은 농기계와 20년 넘은 낡은 중고 자동차 한 대가 전부였지만 그는 "진정으로 빈곤한 사람은 끝없는 욕망으로 아무리 많이 소유해도 만족하지 못하는 사람들"이라고 말한다.

우루과이 사람들의 복지와 행복을 위해 자신이 가진 것의 90%를 종자로 삼아 되뿌렸던 호세 무히카 대통령, 물질적으로는 가난해도 세상 누구보다 부자로 살아가는 모습을 보여준 그의 귀한 뜻을 가슴 깊이 새겨본다.

# 글로벌 리더가
# 세계를 움직인다

국내외에 공장을 두고 있다 보니 이런 저런 일들로 해외출장을 많이 다니는 편이다. 요즘은 전 세계 어디든 비행기를 타면 거의 하루 안에 도착할 수 있다. 세계가 일일생활권이 된 것이다.

이렇게 세계 곳곳을 다니며 각 나라의 문화를 경험하고 세계 경제의 흐름을 보면서 한국이 세계 속에 더 크게 성장하려면 세계가 요구하는 글로벌 리더가 많이 배출되어야 한다는 생각을 하게 되었다.

세계의 흐름을 보는 거시적인 안목을 갖고 여기에 민감하게 대처해 자국의 이익과 회사의 성장, 개인의 발전을 이루어내는 것이야말로 진정한 글로벌 리더라는 생각을 해 본다.

미국 카네기국제평화재단의 로스토프 연구원은 자신의 저서 『슈퍼

클래스』에서 "오늘날 세계를 움직이는 손은 미국이나 러시아, 중국, 영국, 프랑스 등 강대국이 아니라 전 세계 60억 인구 중 6,000여 명에 해당하는 슈퍼클래스들이며 이들은 세계 각 분야의 정점에서 그 사회의 중요한 의사결정과 집행을 좌우한다."고 밝히고 있다.

이들의 중심에는 정부 권력을 능가하는 민간 권력이 있는데 여러 방면에서 그 영향력이 엄청나다는 것이다. 아마도 세계 100대 재벌 오너들과 교황은 물론 인기 영화배우, 가수, 유명 작가와 영화감독들도 여기에 들어가지 않을까 싶다.

한국의 젊은이들도 우물 안 개구리처럼 국내에서만 경쟁할 것이 아니라 큰 꿈을 갖고 세계를 향해 거침없이 나아갔으면 싶다. 미래에 대한 원대한 꿈과 비전을 갖고 학문을 통해 능력과 자질을 기르고 외국어 능력을 개발하고, 첨단기기를 잘 활용해야 하며 무엇보다 창의력과 판단력을 기르는 것이 중요하다.

세계인으로서 가져야 할 글로벌 매너도 잘 숙지해야 한다. 자신감 있는 태도로 상대를 리드해 나갈 수 있어야 하기 때문이다. 글로벌 리더가 되기 위해서는 일에 대한 열정과 추진력을 바탕으로 세계의 흐름을 읽고 국제 경쟁력을 갖추며 변화에 대한 빠른 수용 자세를 가져야 할 것이다.

2004년 스위스에서 열린 세계경제포럼에서 공표됐던 '세계 시민의 조건 세 가지'를 우리 젊은이들에게 꼭 소개해 주고 싶다. 세계시민으로서 갖춰야 할 기본적인 덕목이기 때문이다.

첫째, 모국어를 포함해 세 가지의 정도의 언어를 구사할 수 있어야 세계인으로서 자신의 의견과 뜻을 정확하게 전달하고 들을 수 있다. 둘째, 자신과 생각이 다른 사람을 아우를 수 있어야 한다. 지역, 학력, 빈부 등의 차이로 자신과 생각이 다른 사람을 차별하지 말아야 하며 서로의 주장을 경청하고 조정할 수 있어야 한다. 셋째, 문화가 다른 사람들끼리 함께 일할 수 있어야 한다. 자신의 민족성과 정체성을 지키면서도 다른 문화권과 협력해서 공동의 목표를 성취할 수 있어야 한다.

상록수장학재단의 학생들과 더불어 대화와 강연을 통한 소통의 시간을 가질 때마다 나는 세계를 바라보고 미래를 준비해야 한다는 점을 강조한다. 좋은 대학 나와서 좋은 직장에 취직해 월급 많이 받는 것이 인생의 궁극적 목표가 되어서는 안 될 것이다. 인생을 좀 더 넓고 깊게, 멀리 바라보아야 한다. 결과에 상관없이 도전하고 노력하는 젊은이들이 많아졌으면 싶다.

요즘은 쉽게 포기하고 좌절하는 젊은이들이 많은 것 같다. 삶이 너무 버거워서인지 몰라도 한탕주의에 물들어 하나뿐인 인생을 요행에 맡기고 사는 모습을 보면 안타까울 때가 많다.

자신의 한계와 난관을 오히려 성공의 발판으로 삼은 이들이 많다. 일본에서 가장 존경받는 기업인 중의 하나인 마쓰시타 고노스케는 세 가지 성공 이유를 밝혀 많은 이들에게 감동을 주고 도전 정신을 일깨워주었다.

첫째로 그는 집이 몹시 가난했기 때문에 성공할 수 있었다고 말한다. 형편이 너무 어려워서 어릴 때부터 신문팔이며 구두닦이 등 많은 고생을 했고 이를 통해 세상을 살아가는 지식을 일찍부터 깨달았다는 것이다.

둘째, 몸이 약해서 성공할 수 있었다고 한다. 어려서부터 심한 약골이라 항상 운동에 힘쓰며 살아왔고, 이것이 나이 들어서도 건강하게 지내는 바탕이 되어 맡겨진 업무를 잘 수행할 수 있었다는 것이다.

셋째로 고노스케 회장은 초등학교도 못 다닌 것이 성공의 요인이라고 말한다. 배움과 지식이 너무 짧았기 때문에 세상의 모든 사람을 스승으로 생각하고, 항상 질문하고 배우려는 자세로 살다보니 성공할 수 있었다는 것이다.

고노스케는 이 세 가지의 약점이 지금의 자신을 만든 동기가 되었다고 말한다. 보통의 사람들에게는 좌절의 원인이 되었을 약점들을 강점으로 만들어 낸 긍정적 사고가 그를 성공에 도달하게 했던 것은 아닐까? 오늘을 사는 젊은이들뿐만 아니라 어려운 문제들로 인해 원하는 것을 이룰 수 없다고 생각하는 사람들 모두가 귀담아 들을 만한 이야기다.

# 효자는 부모가 만든다

길 가는 사람들을 모아 그중 효자가 얼마나 되는지 조사해 보면 과연 몇이나 자신있게 대답할 수 있을까? 그러나 노인들을 모셔 자녀들에 대해 물어보면 대다수가 내 자식은 효자라고 대답할 것이다. 정말로 그렇게 믿고 있거나 혹은 그렇게 믿고 싶거나 둘 중의 하나이리라.

오래 전에 수재(水災)로 인해 고립된 부모님을 찾아뵙지 못한 적이 있었다. 부모님이 모두 돌아가신 지금, 시간이 갈수록 더욱 아쉽고 후회스러운 기억이다. 2003년 9월, 태풍 매미가 고향인 김천 지방을 휩쓸고 지나갔을 때의 일이다. 폭우로 인해 부모님이 살고 계신 동네 전체가 고립된 적이 있었다.

폭우로 다리가 떠내려 가고 전기며 전화까지 모두 두절되어 마을을 오가는 것은 고사하고 전화조차 연결되지 않았다. 이리저리 수소문해봐도 이미 김천에서 대덕면으로 들어가는 도로가 끊어진 상황이었다. 마음은 안타까웠지만 고향에 내려갈 엄두를 못낸 채 어떤 조치가 취해지기만을 기다리고 있었다.

며칠이 지나 임시도로와 전화가 개통되자마자 자식이 염려할 것을 걱정하신 부모님이 먼저 연락을 주셨다. 두 분 모두 무탈하다는 소식에 가슴을 쓸어내리며 안도와 기쁨의 눈물을 흘렸다.

그런데 나중에 듣자니 도로가 끊어졌음에도 김천에서 대덕리까지 80리 산길을 걸어 부모님을 찾아간 사람들이 있다는 것이 아닌가. 대덕면에 못간다는 이야기만 듣고 집에 앉아 있던 나 자신이 부끄러워 차마 고개를 들 수가 없었다. 만일 자식이 그런 상태로 있었다면 과연 집에서 기다리고만 있었을 것인가, 생각하면서 한동안 너무나 부끄럽고 죄스러웠다.

산길을 넘어 온 사람들이 있다는 것을 부모님도 알고 계셨을 것이다. 그런데도 나에게 한 번도 그런 것으로 섭섭한 내색을 보이지 않았다. 도리어 위험한 곳에 와서 고생할 필요가 있느냐며 오지 않기를 잘했다고 말씀하셨다.

부족한 아들이지만 항상 좋은 점만 보고 칭찬해 주시는 부모님 덕분에 나 같은 불효자가 대덕면에서는 효자로 소문이 나 있었던 것 같다. 2014년 11월, 고향인 김천 대덕면에서 연락이 왔다. 부모님은 이미 돌아가셨지만 효행상을 수여하겠다는 것이었다. 부모님께 죄송스럽고 부끄러움이 앞섰지만 이미 결정했다는 소식에 사양하지 못하고 얼떨결에 상을 받았다.

대덕면에서는 오랫동안 내가 부모에게 최선을 다해 효도한 것을 귀감으로 삼아 효(孝)의 중요성을 널리 알리려는 취지라고 설명했다. 또한 우리 관터 마을 주민들에게 경로잔치를 베풀고 마을 대소사에 지원을 아끼지 않은 공로도 담겼다고 했다.

'제1회 대덕면민 효행상'을 받는 자리에서 부모님과 삶을 나누었던 분들에게 "부모님에게 너무나 많은 사랑을 받았고 그 사랑이 오늘의 나를 있게 했으며 어려운 이웃과 나누고 베푸는 삶을 살도록 해주셨다"고 말씀드렸다.

이날 정영우 대덕면장은 "이상춘 회장의 효행상 수여식을 계기로 어른을 공경하는 효를 널리 알리게 되어 기쁘다"며 "앞으로 효심이 많은 제2, 제3의 이상춘 회장이 나타나 주기를 기대하며 아름다운 대덕면 만들기에 동참하자"고 당부했다.

부족한 아들을 믿고 사랑해주신 부모님 덕분에 효자 아닌 효자가 된 것이다. 효자는 부모가 만든다는 말의 진정한 뜻을 알 수 있었다. 그래서 지금도 나는 세상에서 가장 존경하는 분이 누구냐고 물으면 망설이지 않고 우리 아버님과 어머님이라고 대답한다.

부모님은 항상 나에게 절대적인 신뢰를 보여주셨다. 힘겨워 쓰러지고 싶을 때마다 용기를 주고 격려를 아끼지 않은 분도 바로 부모님이시다. 자식으로서 마땅한 도리를 지킬 때에도 그것을 늘 감사하게 생각하셨다.

모든 부모와 자식 관계가 다 마찬가지이듯 나의 현재 모습도 일정 부분 부모님이 만드셨다고 할 수 있다. 무엇보다 바르게 생각하고 행동할 수 있도록 기본이 되는 틀을 만들어주신 게 가장 감사하다.

기억하기로 아버님의 말씀을 한 번도 거역하지 않았던 것 같다. 중요한 결정을 해야 할 때면 의논을 드리기는 했지만 부모님이 크게 걱정하실 일은 아예 말씀을 드리지 않았다.

부모님께 드리는 생활비도 우리 가족이 쓰는 것보다 넉넉하게 챙겨서 보내드렸다. 사업을 시작할 때부터 논 팔고 소 팔아서, 그러고도 부족한 돈은 사채까지 빌려서 도와주신 부모님께 당연한 일이라 생각했기 때문이다.

우리 여섯 남매가 우애 있게 지내는 것 또한 부모님 덕분이라고 할 수 있다. 오랜 시간이 흐르도록 며느리나 사위 흉을 한 번도 본 적이 없고 잘못한 일이 많았을 텐데도 늘 장점을 찾아 격려하고 칭찬만 하셨다.

시골에 내려가 아버님을 찾아뵐 때면 항상 내 손을 꼭 잡고 "상춘아, 난 지금 죽어도 여한이 없다. 네가 이렇게 효도 잘하고 동생들도 잘 챙겨주니 정말 고맙다"라고 말씀하시곤 했다. 자식들에게 폐 안 끼치고 천국 가는 것이 소원이라고 말씀하셨는데 79세에 말씀 그대로 되셨다. 시골에서 경운기와 부딪치는 사고로 돌아가신 것이다.

중국 출장 중에 소식을 듣고 하늘이 무너지는 줄 알았다. 정말 믿어지지 않았고 믿고 싶지도 않았다. 나는 사고 당사자에게 합의를 요구하지 않았고, 오히려 형사고발 된 그분의 처벌을 원하지 않는다는 탄원서를 제출했다. 사고 낸 분이 한없이 원망스럽고 미웠지만 그런다고 해서 돌아가신 아버님이 살아오실 것도 아니니 어쩌겠는가.

나 역시 한창 사업할 때 딴생각을 하다가 택시와 추돌사고를 낸 적이 있었다. 그때 차 안에 미국교포 노인이 타고 있었는데 병원에서 간단히 진료만 받고 경찰에 신고 없이 그냥 합의해 준 적이 있었다. 그때를 생각하며 사고 당사자를 용서할 수 있었던 것 같다.

| 어머니의 뜻으로 6 · 25참전 용사비 건립에 후원한 뒤 준공식에 참석한 자리에서

어머니는 뒤늦은 아들의 전도로 열심히 교회에 다니며 늘 자녀들을 위해 기도하셨다. 아버님이 돌아가신 뒤에 서울 집으로 모시려 했지만, 시골이 더 좋다고 한사코 사양해서 친척 이모님과 함께 의지하며 사시 도록 했다.

어머니는 무엇이 필요하다고 요구하는 일이 한 번도 없었다. 가끔씩 부탁하는 것이라고는 "지금 출석하는 교회가 많이 어려운 것 같은데 네가 헌금을 좀 해주면 좋겠다."거나 "아버님도 6·25 전쟁에 참전하 셨는데 지역에 6·25참전용사비를 세우는 일에 너도 좀 기부해라" 하고 말씀하시는 정도였다. 그때마다 말씀에 순종하면서 어머니의 기뻐하시 는 모습을 보는 것이 내게는 더 큰 선물이었다.

동네 사람들뿐만 아니라 읍내에 나가서도 모든 사람들에게 친절하 고 또 후덕하게 나누길 좋아하셨던 어머님은 어디서나 인기가 많았다. 후일 어머니가 돌아가신 후에 여러 사람들로부터 어머니에게 받은 사 랑에 관한 이야기를 전해 들을 수 있었다.

가끔 시골로 찾아뵐 때면 어머님은 무척 기뻐하시며 정성껏 장을 봐 밥상을 차리셨고 새벽에 인기척을 내면 혹시 아들이 잠을 설칠까 봐 화장실도 가지 않으셨다. 어머니 역시 아버지와 마찬가지로 자녀들에 게 부담 주지 않고 죽는 것이 기도 제목이라고 하시며 "큰아들 집에서 자다가 조용히 하늘나라에 가는 것이 소원"이라고 입버릇처럼 말씀하 시곤 했다.

어머니의 기도는 말씀 그대로 이루어졌다. 음력 설에 서울에 올라와 자식과 손주들의 세배를 다 받고 난 다음날, 주무시다가 조용히 돌아가신 것이다.

한문 '孝' 자를 살펴보면 늙은이 노(老)자에 아들 자(子)를 합친 모양이다. 자식이 늙은 부모를 업고 있는 형상이다. 어릴 때는 부모가 어린 자식을 업어 키우지만 부모가 나이들어 쇠약해지면 자식이 부모를 업어야 한다는 삶의 이치를 상형화한 것이다. 효도란 자식들이 부모로부터 받은 무한대의 사랑에 대한 보답인 셈이다.

돌아보면 세상의 모든 부모님이 그러하듯이 우리 부모님이 나를 효자로 만들어주셨다는 생각이 든다. 나 또한 부모님이 베풀어 주셨던 사랑과 관심을 아들과 손자들에게 베풀려고 노력하고 있다. 효의 정신도 대물림이 된다고 믿기 때문이다.

# 500원을 향한 소망

     산에 오르는 사람들은 주로 하산
할 때 부상을 많이 당한다고 한다. 정상에 오르기까지 긴장했던 마음
이 내려오면서 확 풀어지는 까닭이다. 인생도 마찬가지인 것 같다. 정
상에 오르고 나면 계속 그곳에 머물 것 같지만 언젠가는 내려가야 한
다. 그리고 그 내리막길을 끝까지 잘 내려오는 것이 삶을 제대로 마무
리하는 길이다.

  문득 내가 삶의 정점에 서 있다는 생각이 들었다. 나에게는 사업가
로 성공하고 장학재단을 설립하며 박사가 되겠다는 꿈이 있었다. 그
런데 지난 2016년에 모교인 숭실대학교에서 명예경영학박사 학위를
받으면서 그 세 가지 꿈이 모두 이루어진 것이다.

  물질적인 부도 성취했으며 언제든 고난과 기쁨을 함께 나눌 수 있는 사랑하는 가족과 친구들도 있다. 어딜 가든 반겨주는 사람들이 많으니 어느 영화의 제목처럼 '이보다 더 좋을 수 없다'.

감사함이 흘러넘치는 순간, 발 아래 그동안 내가 올라왔던 길을 돌아보았다. 후회 없이 열정을 다해 가꾼 보람된 삶의 모습과 사랑하는 사람들이 있었다. 정상을 향해 정신없이 달려오느라 미처 보지 못하고 지나쳤던 것들도 아득하게 보였다. 그 길은 또한 눈물과 상처로 가득했다.

그 길은, 이제부터 내가 다시 내려가야 할 길이기도 했다.

줄잡아 천 번 넘게 비행기를 타고 다니면서 사업을 일구었다. 비행기가 천 번이면 자동차와 대중교통은 일일이 셀 수도 없을 것이다. 그렇게 정신없이 왔다갔다 하면서 사업을 하는 동안 없는 시간을 쪼개서 학교도 다녔다.

뒤늦게나마 고등학교에 입학해 대학입시를 준비하고 온갖 우여곡절 끝에 숭실대학교에서 그토록 원하던 경영학을 공부할 수 있었다. 그것만으로는 성에 차지 않아 대학원을 졸업하고 학위도 받았다. 서울대 대학원의 AMP, AIP 등 경영자과정에 이르기까지 배우는 것이라면 하여튼 열심히 쫓아다녔다.

지치지 않는 내 학구열과 성공을 향한 부단한 노력의 원천은 현실을 넘어서고자 하는 간절한 열망이었다. 보다 높은 곳, 좀 더 가치 있는 삶을 추구하는 마음이 삶의 원동력이 되었던 것 같다.

어려운 고비를 만날 때면 왜 이렇게 어려운 일들이 끊이지 않고 닥쳐

오는지, 언제쯤 이 시련이 끝날지 참으로 암담했지만 돌이켜 보면 고난이야말로 나에게 가장 큰 선물을 안겨준 값진 경험이었다.

가난, 스물셋에 맞이한 첫 시련, 이어진 두 번의 큰 실패와 자살 사건, 회개와 약속, 이 모든 기적같은 일들이 나의 삶 속에서 꼭 필요한 순간에 가장 정확한 방법으로 일어났다. 마치 모자이크의 한 부분처럼, 그중의 하나만 빠져도 지금의 나는 존재하지 않았을 것이다.

가끔은 사회단체 등에 기부하면서 액수를 좀 줄일까 하는 유혹을 받을 때가 있다. 그럴 때마다 '이상춘, 하나님이 살려주지 않았으면 넌 이미 서른여섯 살에 죽은 목숨이야. 26년째 덤으로 살고 있으면서 무엇을 더 움켜쥐려고.' 하고는 얼른 마음을 돌이킨다.

'덤'이라고 생각하면 그처럼 편한 게 없다. 설사 덤이 아니라고 한들 무엇이 달라지는가. 언젠가 우리는 이 땅에서 얻은 것은 단 하나도 남김 없이 두고 떠나야 한다. 눈에 보이는 모든 것은 알든 모르든 간에 사는 동안 잠시 청지기가 되어 맡아 두고 있을 뿐이다.

요즘은 모든 초점이 물질에 맞춰지는 것 같지만 실상 물질 못지않게 마음을 나누는 것이 얼마나 소중한지를 느끼게 된다. 마음을 나누기 위해서는 서로 통해야 하는데 소통은 먼저 상대방을 있는 그대로 인정하고 존중하는 것에서 출발하는 것 같다.

나는 상대방에 대한 존중 그리고 소통하고자 하는 마음을 다양한 방법으로 표현하는데 그중의 하나가 옷이다. 한때 나는 요즘 말로 패션 테러리스트였다. 애초에 옷에 대한 관심도 없었거니와 마음이 중요하지 겉모습이 대수냐는 생각에서였다. 그러나 나를 초청한 사람과 그 모임의 목적을 생각하게 되면서 자연히 그에 맞는 옷을 갖추어 입게 되었다. 가능하면 좀 더 많은 사람들과 잘 소통하기 위해서다.

어느 심리학 관련 책에서 "상대방에게 하는 모든 행동은 자기 자신에게도 똑같이 한다."는 글을 본 적이 있다. 다른 사람들에게 냉정하고 가혹한 사람은 내면적으로 스스로에게도 그렇게 한다는 것이다. 인간은 남에게 피해를 주면서 자신만 행복해질 수 없는 존재다. 나와 남에게 모두 잘할 것인지, 양 쪽에 다 못할 것인지 선택은 자명해진다. 내가 잘되기 위해서라도 남을 도와야 하는 것이다.

내 앞에 놓인 인생의 내리막길, 어떻게 하면 이 길에서 넘어지지 않고 잘 내려갈 수 있을지 생각해 본다. 열다섯에 상경하면서 500원을 갖고 왔으니 하늘로 돌아가는 길에도 500원만 남기고 가면 어떨까?

장학재단을 만들겠다는 목표를 이룬 뒤 다시금 1년에 1억 원씩 기부하자는 새로운 목표를 세웠다. 말하자면 나눔에 재미가 들린 것이다. 빚더미에 올라앉았던 사람이 백억대 장학재단도 만들었는데 1년에 1억이라고 못할 게 뭐겠느냐는 이상한 배짱도 생겼다.

결심은 내가 하지만 어차피 이루는 분은 따로 계시지 않던가. 한 번이 어렵지, 두 번, 세 번째는 쉽다. 잘 될지, 어떨지 의심하지도 않는다. 뜻을 세우는 순간 이미 이루었다고 믿기 때문이다.

가끔 인생이 어떻게 될지 아느냐며 죽은 뒤에 재산을 기부해도 늦지 않다고 말하는 사람들이 있다. 그러나 제아무리 대단한 부와 권세를 누리던 사람도 죽은 뒤에는 손에서 내려놓지 않을 방법이 없다. 그것은 스스로의 의지로 하는 일이 아니라 그냥 그렇게 되는 것이다.

소와 돼지에 관해 전해오는 우화가 생각난다. 어느 날 돼지가 자기는 살이며 내장이며 머리 끝부터 발 끝까지 사람들에게 다 주는데 왜 소를 더 예뻐하느냐고 불평했다. 그러자 죽은 뒤에 살코기와 뼈를 주는 돼지와 달리 소는 살아서도 사람들에게 우유를 주기 때문이라고 답했다는 이야기다.

시간의 차이가 있을 뿐, 주는 것은 똑같다. 그러나 그 의미와 가치는 다르다. 지금부터 인생의 내리막길을 걸어가는 동안 내가 맡아 둔 것들을 가장 필요한 곳, 가장 의미 있는 곳에 되돌려 주려 한다. 그리하여 마침내 시작과 끝이 만나는 지점에 이르렀을 때, 500원으로 시작한 인생, 500원으로 돌아가는 것이 가장 아름다운 마무리가 아닐까?

# 창립 40년, 감사 10년

　　도끼를 갈아 바늘을 만든다는 '마
부위침(磨斧爲針)'이라는 고사성어가 있다. 불가능해 보이는 일도 끈
기를 가지고 오랜 시간 노력하면 이룰 수 있다는 뜻이다. 수많은 위
기와 어려움 속에서 지금까지 올 수 있었던 것은 탁월한 능력이 있어
서가 아니라 오직 참고 인내하며 멈추지 않고 달려왔기 때문이라는
생각이 든다. 쉼표는 있었으나 마침표는 찍지 않았다는 얘기다.

　움직이고 있으므로 아직도 나는 변화 중이다. 본래 사람은 최적의
안정된 상태를 추구하려는 마음이 있다고 한다. 그러나 현재가 만족
스럽다고 해서 그 상태를 유지하기에만 급급하면 어느새 녹슬어 부
서지게 된다.

　지금은 과거 수십 년에 비해 사회 변화의 방향이 예측하기 어렵고

그 속도도 빨라지고 있다. 이러한 시대적 변화에 대응하기 위해서는 무엇보다 나 자신이 먼저 준비되어 있어야 한다.

성경에 '사자가 소처럼 여물을 먹는다'는 말씀이 나온다. 나는 이 부분을 변화에 대한 도전의 말씀으로 되새긴다. 육식 동물인 사자가 초식 동물처럼 풀을 먹기 위해서는 무엇보다 식성을 바꾸고 체질이 변화되어야 한다. 끊임없이 도전하며 자신을 변화시키지 않으면 안되는 것이다.

우리 회사는 1977년 창업 당시 소형 스프링 제조 회사로 시작해 열간 대형 스프링까지 제조하는 회사로 도약했다. 1986년부터는 판스프링과 일반프레스가공으로 업종 다변화를 실현하고 국내에서는 선

| (주)에스씨엘 창립 40주년 기념 행사에서 협력사 대표들과 함께

두주자로 일본에서 멀티포밍자동기계를 수입해 획기적으로 생산성을 높였다.

1989년에는 국내 선두주자로 최신 금형가공기계인 와이어컷팅기 6대를 도입해 국내 금형제조기술에 크게 기여했으며, 1993년부터는 일본 오찌아이 한국총판 유통사업으로 발을 넓혔다.

1998년 외환위기 시기에 D정공을 인수해 자동차 부품산업으로 업종을 다변화했다. 해외 진출에도 성공하고 어느덧 중견기업으로 성장했지만 지금도 끊임없이 업종 다변화를 모색하고 있다. 시대적 변화에 유연하게 대응하기 위함이다.

2017년 5월 20일은 회사 창립 40주년이 되는 날이었다. 30평 남짓한 공간에서 다섯 명의 직원들과 함께 사업을 시작했을 때가 엊그제 같은데 세월이 화살처럼 지나간 것 같다.

경기도 안산의 신축 사옥에서 준공식을 겸해 40주년 행사를 치른 것은 매우 뜻깊은 일이었다. 에스씨엘 100년 대계를 위해 대지 6,600평에 연건평 7,200평 규모로 지어진 안산 사옥은 우리 에스씨엘이 앞으로 더욱 크게 도약하고 대외활동을 펼쳐나갈 중요한 구심점이 되리라 기대하고 있다.

기술은 10년을 가고 철학은 100년을 간다고 한다. 회사의 비전은 기술 이전에 그 기술을 다루는 철학적 방향으로부터 시작된다. 단순히 매출과 기술로만 평가되는 기업이 아닌, 영구한 가치관과 사회적 소명을 제시하는 기업으로 기억되고 싶다. 이윤의 사회적 환원을 통한 기여는 더 좋은 세상과 다음 세대를 향한 가장 의미 있는 일이라 생각한다.

이런 마음을 담아 창립 40주년 행사에서 직원들에게도 뜻을 함께 해줄 것을 부탁했다.

"회사 창립 40주년은 여러분들의 노고의 결과입니다. 40년 동안 많이 수고하셨으니 앞으로 10년은 어떻게 하면 여러분이 행복할지 연구하며 회사를 운영하겠습니다. 직원들에게 인정받고 존경받는 CEO 가 되도록 노력하겠습니다. 누구나 근무하고 싶어 하는 회사로 만들고 싶습니다. 40년 장수기업에서 이제는 명품기업으로 만들겠습니다. 큰 회사를 추구하기 이전에 먼저 사람을 귀하게 여길 줄 알고 사람을 존중하는 바른 기업문화를 만들어가겠습니다. 이것은 저 혼자만의 힘으로 되지 않습니다. 여러분들이 적극적으로 도와주셔야 합니다. 저도 최선을 다하겠습니다."

앞으로는 우리 회사를 수직적 구조가 아닌 타원형 구조로 만들려고 한다. 이것은 새로운 변화를 위한 도전이다. 기업의 체질 개선을 위해 임직원들에게도 권위의식을 버리고 양 방향으로의 소통을 추구하며 소수의 의견에도 귀를 기울일 것을 당부했다.

"창립 40년, 감사 10년"

수첩에 큰 글씨로 메모해 두었다. 지난 40년은 목표를 향해 정신없이 달려온 시간이었다. 앞으로의 10년은 변화를 통해 질적인 성장을 이루고 그 열매를 감사함으로 함께 나눠가야 할 시간이다.

어느 한 개인의 힘만으로 이루어지는 일은 없다. 수많은 사람들의 열망이 모여 하나의 방향으로 움직일 때 성취하고자 하는 모든 일이 실현될 수 있다. 이러한 움직임의 근간은 '나' 아닌 '우리'를 생각하는 마음이다. 40년의 시간을 뒤로 하고 이제부터 더욱 낮은 자세로 앞으로 남은 10년을 향해 첫 발을 내딛는다.

| 경기도 안산의 신축사옥에서 40주년 행사를 가진 뒤 직원들과 함께

# 더 큰 가치와 기쁨을 주는 삶

'되로 주고 말로 받는다' 는 말이 있습니다. 봉사와 나눔도 마찬가지입니다. 우주는 질서정연하기에 만물이 돌아가는 이치는 어디에나 똑같이, 단순하게 적용됩니다. 그러나 좋은 씨앗을 뿌리면 풍요로운 열매가 맺힌다는 것을 머리로는 알고 있어도 실천하기는 쉽지 않습니다. 삶 가운데 직접 체험하지 못했기 때문입니다.

『벼랑 끝에서 피워낸 나눔 꽃』은 은유가 아닌 정직한 표현입니다. 벼랑 끝에 선 것과 같은 막다른 순간을 맞이했을 때, 스스로를 내려놓고 삶의 의지 앞에 온전하게 복종함으로써 새롭게 열리는 문을 통해 한 단계 올라설 수 있었고, 나를 던져 약속한 것들이 아름다운 꽃으로 피어나는 것을 볼 수 있었습니다.

2008년, 약속이 열매를 맺어 상록수장학재단이 탄생했습니다. 돈과 안락함을 좇을 때는 그렇게도 잡히지 않던 것들이 나눔을 실천하는 순간부터 어느새 나와 한덩어리가 되어 성장하고 있었습니다. 사업도 더 잘 되었고 부(富)도 커졌습니다.

참 이상한 일입니다. 나눔으로 작아져야 할 내 몫이, 돌아보면 언제나 더 커져 있었습니다. 불행을 행복으로 바꾸는 이 신기한 마법을 함께 체험하고 싶은 바람에서 '나눔2000운동'을 시작하게 되었습니다. 많은 관심과 참여를 기대합니다.

어느덧 제가 경영해 온 (주)에스씨엘이 창업 40주년을 맞게 되었습니다. 안정적인 경영과 기술혁신을 통해 탄탄한 중견기업으로 성장하면서 중국에도 공장을 세우게 되었습니다. 놀라운 성과에 보람을 느끼면서도 우리 공동체가 커가는 모습을 보며 책임감을 갖게 됩니다.

오늘이 있기까지 고락을 함께 해 온 회사의 임직원과 가족들 그리고 우리 (주)에스씨엘을 신뢰하고 함께 해 주신 고객사와 협력사들께 깊이 감사드립니다. 앞으로도 함께 성장하며 기쁨과 보람을 나누고자 노력하겠습니다.

또한 힘든 고비마다 저와 함께 했던 많은 분들, 1980년 유류파동 때 도와주신 박무길 사장님, 1992년에 부도 위기를 넘길 수 있도록 힘이 되어주신 박한수 지점장님, 대륙강선 이석주 사장님, 일본 오찌아이를 소개해주신 가와구찌 시장님, (주)대동정공을 인수할 수 있도록 도와주신 정회화 사장님과 장학재단 설립의 기초가 된 건물을 마련할 수 있도록 도와주신 허성행 행장님께 진심으로 감사드립니다. 이 분들의 도움으로 에스씨엘의 초석을 다질 수 있었습니다.

'나눔2000운동'으로 소외되고 병든 노인들을 위해 헌신하고 있는 재경 김천향우회 이우동 사무총장님과 드림회 권태성 총무님을 비롯한 집행부 여러분께도 깊이 감사드립니다. 수많은 분들의 도움과 은혜에 보답하는 길은 더욱 많은 나눔과 봉사로 사회에 보답하는 것이라 믿습니다.

책을 내기까지 도움을 주신 분들이 많이 있습니다. 부족한 부분을 살펴 주신 정지욱 목사님과 박인기 교수님, 오랜 벗 이찬영과 이 책이 완성되기까지 성실하게 최선을 다해 준 상상나무 출판사 가족들에게 깊은 감사를 전합니다.

언제든 고향집에 달려가면 반갑게 맞아주실 것만 같은 아버님과 어머님의 모습이 눈물로 떠오릅니다. 사랑으로 키워주시고 굳건한 믿음으로 지켜주셨던 부모님 그리고 사업 초기부터 지금까지 기쁨과 고통을 함께 나누고 헌신해 준 형제들에게 고마운 마음을 전합니다.

사랑하는 두 아들과 며느리, 귀여운 손자 우림이와 우주, 그리고 나의 영원한 후원자이며 평생의 동반자인 아내 이금순 권사에게 깊은 감사와 사랑을 보냅니다.

봉사와 나눔으로 쓰이는 저의 이야기는 아직 진행형입니다. 앞으로도 성장은 멈추지 않을 것입니다. 사랑과 은혜를 나누는 하나님의 도구로써 사람들을 행복하게 하는 일에 쓰일 것이기 때문입니다.

이 책을 읽는 모든 분들께 하나님의 은혜와 축복이 넘치기를 간절히 기도합니다.

2017년 9월

이 상 춘

# 상상바이오(주)

**상상파크**

건강용품 · 건강식품 쇼핑몰
Tel. **1577-2298**

건강을 위한 똑똑한 쇼핑
**www.sspark24.com**

**상상나무**

:: 돌선 상상예찬 :: 돌선 상상클리닉
Tel. **031)973-5191**

미래를 여는 지식의 힘
**www.smbooks.com**

**상상바이오(주)** | **One-Stop Total Communication**
출판 · 광고 · 인쇄 · 디자인 · 기획 · 마케팅

**상상나무**와 함께 지식을 창출하고 미래를 바꾸어
나가길 원하는 분들의 참신한 원고를 기다립니다.
한 권의 책으로 탄생할 수 있는 기획과 원고가 있
으신 분들은 연락처와 함께 이메일로 보내주세요.

이메일 : ssyc973@daum.net